DONGNANYA

东南亚经济史研究

JINGJISHIYANJIU

何为民 崔 昊 邹云云◎著

经济日报出版社

图书在版编目(CIP)数据

东南亚经济史研究 / 何为民, 崔昊, 邹云云著. ——
北京:经济日报出版社, 2022.1

ISBN 978-7-5196-1028-9

Ⅰ.①东… Ⅱ.①何… ②崔… ③邹… Ⅲ.①经济史
–研究–东南亚 Ⅳ.①F133.093.3

中国版本图书馆 CIP 数据核字(2021)第 271574 号

东南亚经济史研究

作　　者	何为民　崔　昊　邹云云
责任编辑	王　含
责任校对	于立荣
出版发行	经济日报出版社
地　　址	北京市西城区白纸坊东街 2 号　(邮政编码:100054)
电　　话	010-63567684　(总编室)
	010-63584556 63567691　(财经编辑部)
	010-63567687　(企业与企业家史编辑部)
	010-63567683　(经济与管理学术编辑部)
	010-63538621 63567692　(发行部)
网　　址	www.edpbook.com.cn
E – mail	edpbook@126.com
经　　销	全国新华书店
印　　刷	成都勤德印务有限公司
开　　本	889×1230 毫米　1/32
印　　张	8.25
字　　数	170 千字
版　　次	2022 年 1 月第一版
印　　次	2022 年 1 月第一次印刷
书　　号	ISBN 978-7-5196-1028-9
定　　价	45.00 元

目　录

海岛东南篇

大陆东南亚篇

前　言

根据教育部本科经济类专业人才培养计划，经济史是必修课程之一。笔者所在湛江科技学院，前身是一所与公办院校合作运营的独立院校。2021 年，经过教育部批准成为一所民办普通本科院校——湛江科技学院，以培养实用型人才为主要目的，因而学院为了能够与地方经济相联系，并为当地培养出具有地方专业特色的学生，在课程设置方面进行了调整，其中一门主要课程就是"东南亚经济史"。这也成为我们撰写本书最初的目的。

湛江科技学院坐落在祖国大陆最南端美丽的海滨城市湛江。行政区划属广东省粤西地区，也是北部湾城市群的中心城市，又是与海南自贸易区最近的陆地地区。无论是区域经济一体化建设，还是沿海经济带建设中，抑或是中国与东南亚经济合作中，湛江是一个非常重要的窗口地区，发挥着无可替代的作用。近年，随着基础设施建设不断完善，湛江市将成为地区交通枢纽、海南实现腹地效应的重点地区，也是西部地区参与国内、国际大循环体系重要的支点城市，而北部湾城市群的发展，也将成为与东南亚各国合作发展重要组成部分。在这种背景下，通晓东南亚经济的人才需求将是人才培养的重中之重。为了实现这一目的，需要培养了解东南亚经济过去、现在，并对未来发展趋势有判断能力的人才。基于此种目的，笔者在选择课程教材时发现，虽然东南亚历史、文化类的成果非常丰硕，东南亚经济史的研究成果也不在少数，但适合做教材或辅助教材的参考书目不是内容太多，就是分阶段论证的经济史，还未发现内容长短较合适且有通史特点的书籍。这也是我们写作团队撰写本书的另一个目的。

为了能完成这项任务，我们从积累资料开始，到对各种资料的筛选、整理，做了大量的前期准备工作。在调研的过程中我们发现，针对东南亚经济史的研究在国外的成果较多，包括英国、法国、美国，日本以及东南亚各国。日本从二次世界大战前就开始对东南亚各个方面开始了细致的研究，直至今日已经积累了丰硕的成果，笔者在日学习、研究期间也大量阅读到相关学术成果。同时欧美国家的研究成果也颇丰，其研究对象不仅仅在经济通史等方面，农业发展、工业化进程以及对外贸易等方面，甚至在如香料和农产品领域的研究成果也较多，对某个领域经济史方面有了较深刻的论述。但由于正处于疫情期间无法访问日本及东南亚各国，学术网站上也鲜有国外有关东南亚经济史研究的公开成果。这是我们撰写本书最大的困难。教材及辅助读物的缺乏，使本写作团队不得不去完成这项工作的又一要因。尽管资料、能力有限，我们还是想要试着挑战完成这个重要任务。

　　将庞大的东南亚经济史整理成简史，且要内容精炼易读，这是写作梳理过程中遇到的最大的难题，取舍间常常在犹豫不决中断了思路。因此，本书会有较多纰漏和错误，希望读者批评指正，同时也希望通过这部粗糙的作品抛砖引玉，引起人们对东南亚经济史的重视，未来更进一步推出高质量、高水准、内容精炼的作品。

何为民

2021 年盛夏于湛江

序章　东南亚经济史的视角

第 1 节　东南亚经济史的研究范围及原因

东南亚国家与中国有着千丝万缕的联系，作为中国周边国家群，其与中国的经济交流可以追溯到远古时期，与东南亚各国人民往来从未间断过，各国间相互移民也非常普遍。东南亚各国都有大量的华侨或华裔在当地生活，也有大量东南亚裔的侨民来到我国。正如习近平总书记《在第十七届中国—东盟博览会和中国—东盟商务与投资峰会开幕式的致辞》所指出的那样："中国和东盟山水相连、血脉相亲，友好关系源远流长。"近年，东盟与我国贸易关系也达到了一个空前的高度。中国与东盟各国的经济合作与交流也更加广泛和深入。

本书以东盟十国经济史为研究对象，最重要的原因是从地缘政治的角度看，东南亚不仅与中国相邻，更重要的是中国历史上与东南亚各国的经济交流从未停止过。东南亚各国是中国走向海洋的最重要的门户地区，也是中国与世界各国经济交流的桥梁和中点站。冯承钧所著《中国南洋交通史》中指出，海上丝绸之路的出发航地为雷州半岛。雷州半岛（今湛江市）作为东南亚交流窗口，不仅是海上丝绸之路的始发港，又是中国与东南亚交流的窗口地区，更应当了解东南亚经济发展的脉络，更好地认识现代中国与东南亚经济交流的重要性。根据史料记载，海上丝绸之路中最主要的港口城市——徐闻和合浦，这两个港口地区目前又属于北部湾的重要沿海城镇。从这里通往东南亚的沿线国家和地区经济发展的历史脉络、贸易体系以及经济特点，作为本地高校毕业生应当从整体上对此有一个简单的了解，才能具备重要的知识储备，把握区域合作发展的背景，进而判断经济交流的主要方向。

为了能够较为准确叙述东南亚经济史，写作团队对前期研究成果展开了深入系统的调查。从目前出版著作及论文成果看，包括通史、简史类书籍或论文，国外的研究成果较多。首先，日本对东南亚的研究尤为详细，在侵略东南亚各国前，日本就开始了各方面的研究，早期研究的重要目的是为了仿照欧洲列强对东南亚殖民，这在我们调查日本亚洲资料中心公开的日本军国主义时期的文件、调查报告等原始资料便可了解。日本著名的亚洲研究所二战后成为研究东南亚的主要力量，在经济史方面的研究成果主要是为日本政府提供对东南亚经济政策的依据，也为日本企业投资东南亚提供社会背景资料。其次是东南亚各国学者对经济史的研究，主要是对本国（或地区）经济发展脉络进行详细梳理，为未来经济发展提供经验和教训。第三是欧洲各国学者的研究，有一部分是对过去殖民东南亚的一种反省，也有一部分是对欧洲各国政府当时制定的经济政策或对当年殖民时期的"辉煌"景况的回顾。国际学术界对东南亚经济发展的了解，甚至不亚于东南亚各国本土的经济史学者。

我国对东南亚历史的研究也从未停止过，研究领域不仅将东南亚做整体研究，也有将大陆东南亚、海岛东南亚分开来进行研究且成果丰硕。其中包括我国国学大师季羡林为总主编的《东方文化集成》编辑委员会所属的系列丛书，从历史、文化、语言、民族宗教等各个方面开展了深入细致的研究。但在东南亚经济史这一领域，根据写作小组调查的有限范围内发现成果相对较少。目前与本书撰写构架非常相似的要属《东盟十国发展经济史》（魏达志2010），这可以说是一部较为完整的东南亚经济史略，总体内容较详细且丰富，共计622页，90万字。但由于内容较多，难作为教材或参考辅助书使用。笔者在中国社会科学文库中输入符合"东南亚经济史"的图书检索模糊结果共计155条，与"东南亚经济史"相同的书籍尚未发现。分阶段对东南亚经济发展论述的成果，如《战后东南亚经济史》（覃主元2007）、《中国与东盟交流合作史研究——经济卷》（刘国彬2007）等。在国家图书馆查找相关文献时有32条结果，但主要是与管理学专业相关的教材类，如《东南亚南亚商务环境概论》（韩越2010），但非经济史类图书。

从论文成果看，笔者在中国知网（CNKI）按照同样"东南亚经济史"关键词进行模糊检索后，共有270篇研究成果。其中硕士、博士论文各4篇，学术论文190篇以及其他报纸等相关媒体内容。真正涉及东南亚经济史的内容非常少，完全吻合关键词的成果不过5篇，但这5篇与本书成书目的相差较远。对以上国内研究成果的调研后综合考量，《东南亚经济简史》还需通过本写作小组的努力，完成一部篇幅相对较短，内容较易理解、涵盖全部东南亚各国经济发展历程的经济简史，这将会成为本校为学生提供的教材或参考辅助书，抑或成为一般读者了解东南亚经济简史的重要读物。

如何将东南亚经济从古代到现代进行较完整的梳理，这是本书写作初期最重要的任务。从世界经济史和经济思想史中我们得到提示，人类社会发展过程中，虽然 17 世纪中叶工业革命开始，但直到 18 世纪末，才真正是工业经济的开始[①]，而工业革命的发展，是人类社会从工场手工业向机器大工业转换，从而给人类社会带来财富高速增长的新阶段。在此之前主要以农业、畜牧业和商业为主的经济社会，社会财富的增长极其缓慢。因此《东南亚经济简史》将工业革命为止，特别是西方列强入侵东南亚各国，并对其展开无情掠夺作为近代经济发展的转折点。近代东南亚社会不仅因殖民者入侵资源被掠夺，而且又被动地走上近代化发展的路程，又经历了第一、第二次世界大战的劫难。当二次世界大战结束后，弱小国家民族的独立成为战后最重要的发展特征，而这一时期也是东南亚各国独立解放建设国家的起始点。虽然各国的发展历程、国家制度、经济制度体系都不尽相同，但在时间轴上，有着极为相似的时期划分。

因此，本书对东南亚经济史的梳理大致分为三个阶段，第一个阶段是东南亚各国古代经济发展的特征及经济社会形态。古代东南亚经济发展虽然经历了各种不同的阶段，每个时期又有着不同的经济发展形式。但归结起来仍然以奴隶、封建制度

---

① 阿诺德·汤恩比著：《历史研究》（袖珍经典版），上海世纪出版集团 2009 年版，第 4 页。

下的经济发展为主，科学技术和生产力没有明显的提高。第二个阶段是欧洲殖民主义者入侵。殖民者不仅掠夺各国资源、占领市场，并对殖民地经济体系建立和发展也产生了深远的影响，在某种程度上也部分促进了东南亚国家近代化发展的步伐，但这种发展多数是以被殖民或国家消亡为代价的。第三个阶段的经济发展，则是在民族解放和国家独立基础上，各国对经济制度有了选择，所以发展道路也不尽相同，各个国家到现阶段发展程度也有所不同，有与发达国家比肩的新加坡，也有多数的发展中国家。这种对东南亚经济简史的梳理虽然有些粗浅，但从生产力、生产关系、发展水平出发进行的整理，仍然有一定的依据，同时对于"简史"而言，也应在允许的范围内。

第 2 节　东南亚经济发展的主要脉络

东南亚国家发展历程与东方各国较为相近，特别是古代经济发展历程。在世界经济史略中通常将中国、印度和日本的经济发展特征进行较为详细的论述，但作为拥有 5 个大陆国家、6 个海岛国家①的东南亚却很少出现在世界经济简史教材中，且较少有独立部分内容进行叙述。同时，在古代发展史中以农业社会为主的发展阶段，无论是海岛东南亚，还是大陆东南亚，都

---

①　第 6 个国家是东帝汶。东帝汶曾经一度于 1975 年独立，但遭到印度尼西亚吞并，但在 1999 年通过公投宣布独立。本书未将其列入东南亚经济史研究的范围内。

受到中国和印度非常大的影响，无论是社会制度还是经济体系，与两个大国有着几乎相近的发展轨迹。除却地理因素而表现出农产品有所不同外，这些地区农业发展技术都受到中国、印度的影响，因而生产方式及经济运营制度都没有多大区别。古代东南亚各国虽然与中国、地中海地区有着广泛的经济交流，但其主要经济特征是利用本地区盛产的香料、胡椒等农产品以及一些手工业制品开展贸易活动。另一个重要的特点是，作为中国与地中海国家以及中亚国家贸易的中转站，东南亚各国发挥着重大作用。

16世纪以后，欧洲列强在利益驱使下开始对东南亚的殖民占领。1511年葡萄牙人派遣舰队占领了马六甲城后，拉开了欧洲列强殖民东南亚的序幕。欧洲列强在殖民地统治时期，并未将自己先进的工业技术带到东南亚，而仅在原材料加工企业以及交通设施方面进行投入并掠夺资源，因而东南亚各国在殖民统治时期虽然有工业化的倾向，但多集中在加工业和当地交通基础设施建设方面，并未对整个工业体系的培养起到作用。

图1　1660年荷兰人进攻望加锡情景[①]

---

① 该图引自（澳）安东尼·瑞德《东南亚的贸易时代：1450—1680年》（第二卷），第386页。

东南亚经济发展过程中，对外贸易是经济史中非常重要的组成部分。无论是古代东南亚与欧洲早期经济交流，还是在欧洲对外扩张、殖民过程中被迫开展的国际贸易，东南亚一直以来都是作为一个重要的主体，主动或被动的参与其中。所谓"被动"是指欧洲列强对东南亚的军事侵略下的掠夺性贸易。欧洲列强在东南亚各国拥有自己的殖民地，如葡萄牙、西班牙、英国、法国等。法国殖民地是印度支那地区，大部分的东南亚大陆被其占领。这些殖民者充满了所谓欧洲人对东南亚香料的无限追逐的贪婪，更是为了掠夺东南亚地区资源、垄断该地市场进行了血腥而又疯狂的逐利行为。因此，了解东南亚经济史也就等于了解世界经济史最重要的组成部分。在这种殖民扩张背景下的东南亚与世界的交流，对其后来经济体制的形成、社会的发展都造成重大影响，以至于殖民地时代基本打乱了东南亚各国经济和贸易体系，各国被动地加入到近代国家建设中。

第二次世界大战后，国际社会对殖民统治开始反省，各国（包括一些弱小国家）和弱小民族的觉醒以及独立运动也在世界各地广泛开展。直至 20 世纪 90 年代初，世界格局在东西方冷战的影响下，意识形态上的对立出现了资本主义阵营和社会主义阵营的对立，而经济制度的体现则是市场经济和计划经济两个不同的经济社会的对立。东南亚各国在计划经济制度下和市场经济制度下的经济规模也产生了一定差距。

20 世纪 80 年代经济全球化的影响，各地经济发展体系开始出现变化，东南亚各国并没有在冷战终结后开始经济体制的革新，而是在全球化影响下计划经济向市场经济逐步发生转变，经济体制部分走向趋同。虽然这种体制促进了经济发展，但利益分配上的差距，造成世界经济体系非均衡发展和不确定性及风险增加。曾饱受欧美日列强殖民统治，资源不断被掠夺的历史事实警醒了东南亚各国，其对国家间的联盟重要性有了更加清醒的认识。这也是"东南亚国家联盟"（ASEAN）组成的重要原因。

东南亚作为中国相邻的国家群，从古代开始就有着长远且广泛的交流，由于地理上陆海紧密相连，东南亚各国成为中国对外交流最重要的地区之一。因此东南亚经济发展历史中，与中国经济交流也是非常重要的内容。在古代，中国无论农业还是手工业方面发展程度较高，东盟各国受中国经济、文化以及政治制度的影响也非常深远。因此东南亚经济简史的写作过程中，也特别加入了与中国经济关系交流的内容。

海岛东南篇

第 1 章　马来西亚

马来西亚，简称大马。马来西亚位于东南亚，它被南中国海分隔成东、西两部分，西马位于马来半岛南部，北与泰国接壤，南与新加坡隔柔佛海峡相望，东临南中国海，西濒马六甲海峡，而东马位于加里曼丹岛北部，与印度尼西亚、菲律宾、文莱相邻。马来西亚全国面积约 33 万平方公里，海岸线总长 4192 公里。马来西亚由 13 个州，包括西马的柔佛、吉打、吉兰

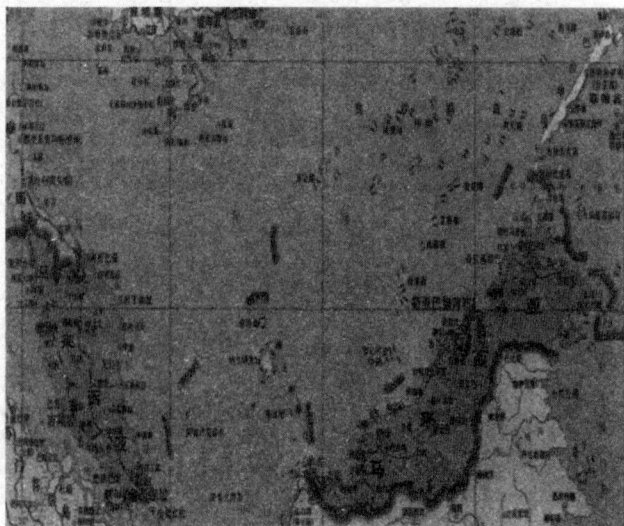

丹、马六甲、森美兰、彭亨、槟榔屿（亦称槟城）、霹雳、玻璃市、雪兰莪、登嘉楼（旧称丁加奴）和东马的沙巴（旧称北婆罗洲）和砂拉越，以及 3 个联邦直辖区：吉隆坡、布城和纳闽所构成。[①]

马来西亚的首都为吉隆坡，面积为 243 平方公里。马来西亚人口约 275 万，其中马来人占 69.1%，华人占 23%，印度人占 6.9%，其他种族占 1.0%。[②] 马来西亚是一个经济发展迅速的东南亚国家，1987 年至 1997 年 10 年期间，GDP 均保持在 8%以上的高速发展。马来西亚的国土面积约 33 万平方公里，人口约 3268 万，其中西马约占国土总面积的 20%，但居住人口达总人口的 80%，而占国土总面积 80% 的东马居住人口仅占总人口的约 20%。马来西亚是一个多民族，多文化和多语言的社会，各种族之间互相尊重，并保持其独特的文化传统，世代共同生活在马来西亚。正是这些多种族文化的相互影响，才造就出属于马来西亚文化的多元独特性，包容性更是这多元文化的核心。

第 1 节　古代时期马来西亚的经济特征

马来半岛自古以来就扼守海上交通要道，同时也是连接东西方海上贸易的中转站之一，海上地位举足轻重。随着古代海

---

① 魏达志著：《东盟十国经济发展史》，深圳：海天出版社，2010年 4 月。

② 数据来源：中国外交部，马来西亚国家概况（2021 年 2 月更新）。

上丝绸之路的发展，以及东西方往来贸易的增加，半岛上的各国开始参与到海上贸易当中，开启了国际商贸之路，贸易商品的数量和种类也日渐增加，成为东南亚往来贸易中心。

马来半岛是古代海上丝绸之路的中转站之一。古代海上丝绸之路途径南海、印度洋和红海，自中国到罗马，途径多个国家和地区。马来西亚地处东南亚东西方海上交通要道，是古代丝绸之路的必经之地。① 在公元前后至 7 世纪期间，航海技术不够发达，海上贸易无法实现直接长距离通航，必须经过中转贸易，所以间接贸易成为当时最主要的交易方式之一。② 马来半岛作为东南亚地区的贸易中转站之一，其地理位置和气候环境具有得天独厚的优势，吸引着东西方航线上的贸易商船选择在此中转，补充物资和进行贸易交换，为半岛经济贸易的发展创造了机会。

在公元初，马来半岛南部出现了一些邦国，到了南北朝时期，有很多印度和中国的商人开始在马来半岛上进行贸易，并建立起很多贸易港与城镇。到了南北朝后期，马来半岛与中国的交往日渐频繁，较多半岛上的国家开始有历史记录，如婆皇国、斤陀利国、狼牙修国③、丹丹国④、赤土国和罗越国等。⑤

---

① ［清］王绍兰著：《汉书·地理志》，北京：中华书局版。

② 范若兰，李婉珺，［马］廖朝骥著：《马来西亚史纲》，北京/西安：世界图书出版公司，2018 年 7 月。

③ 狼牙修国亦称郎迦、朗迦戌国。其领土包括今马来半岛东岸北大年以东和东北地区，及今马来西亚的吉打州。

④ 丹丹国亦称单单国。在今包括马来西亚吉兰丹州在内的马来半岛中部一带。

⑤ 范若兰，李婉珺，［马］廖朝骥著：《马来西亚史纲》，北京/西安：世界图书出版公司，2018 年 7 月。

马来半岛上的物资十分丰富，这也为商品的出口和贸易提供了良好的基础。随着半岛商贸的不断往来发展，半岛上汇聚了来自周边国家的商人，商人船队在中转时发现半岛上物产资源十分丰富，有较多的物产可以作为贸易交换的商品，半岛上的各个国家逐渐参与到国际商贸交易中。半岛上的产物种类丰富，琳琅满目，如斤陀利国出产班布、古贝和槟郎等。[1]据《通典》记载，丹丹国出产金银、白檀、苏方木、槟郎和水稻。[2]在7世纪到13世纪之间，马来半岛各国与国际之间的贸易交往十分密切，进出口商品种类繁多（见表1–1），主要的出口商品以香料居多，以及各国的地方特产。由此可见，在14世纪前，世界各地对香料的需求量较大。而进口商品主要是以制成品、日用品和食品居多。

表1–1 马来半岛进出口商品一览表

马来半岛的出口商品	马来半岛的进口商品
黄蜡	金银
班布	瓷器
古贝	铁
槟榔	漆器
龙脑香	绢伞、雨伞
白豆蔻	盆钵

① 姚思廉著：《梁书》，北京：中华书局，1973年版。
② 杜佑著：《通典》，上海：商务印书馆，1935年版。

续表

马来半岛的出口商品	马来半岛的进口商品
乌楠木	色绢
苏方木	阇婆布
速香、降真香	占城布
檀香	红绿焇珠
象牙	琴
犀角	鼓
黄熟香头	板
打白香	酒
花锡	米
龟筒	糖
鹤顶	盐

资料来源：根据中国史籍《梁书》《通典》《诸蕃志》《岛夷志略》等整理。[1]

1400 年，马六甲王国建立，它是马来西亚历史上第一个封建王朝。在建国之初，马六甲王国的实力相对比较薄弱，为了获得更好的发展，它开始与周边国家建立良好的交往关系。马六甲王国的开国君主拜里米苏次迎娶了一名苏门答腊伊斯兰教

国波赛王国的公主，此后，半岛上开始盛行伊斯兰教。①

在 15 世纪初，以马六甲为中心的满剌加王国统一了马来半岛的大部分土地，各国之间的贸易交往日益加深。马六甲王国濒临马六甲海峡，随着国际贸易的不断发展，很快就成为东南亚的贸易中心。以马六甲为中心，周边商人往来不断，多到此处开展商贸交易，交易的商品多种多样，有布、茶、锡、金、香料、鸦片、燃料和生丝等。② 在鼎盛时期，马六甲的各种商品流通速度较快，品种包罗万象，在此几乎可以找到世界各国的多数物产。与此同时，马六甲流行的语言种类繁多，各色人种熙来攘往充斥街头，港口帆船络绎不绝，流水游龙。

除了繁荣的港口贸易外，马六甲王国也发展农业建设，主要农作物有稻米、叶子、甘蔗等，但整体生产效率较低，无法实现自给自足，仍需向周边国家进口粮食满足需求。15 世纪末，马六甲王国统治集团内部矛盾激发，争斗不断，与此同时，马六甲王国遭到了葡萄牙帝国主义的侵略。在内忧外患之下，持续了一个世纪辉煌的马六甲王国走向灭亡。

马来西亚土地资源和海洋资源都丰富，本来可以发展出繁荣的农业和渔业。但是，因为马来西亚的地理优势尤其突出，所以造成了当地人民主要注重发展海上贸易。如果当时马来西亚的居民能够同样发展农业和渔业的话，想必马来半岛能够呈现出一片更加繁荣的景象。

---

① 波赛王国亦称巴赛王国。
② 魏达志著：《东盟十国经济发展史》，深圳：海天出版社，2010年4月。

第 2 节 古代与中国的经济交流

马来西亚和中国的经济交往最早可以追溯到公元前 2 世纪中期。据《汉书·地理志》中记载:

> 自日南障塞、徐闻、合浦船行可五月,有都元国;又船行可四月,有邑卢没国;又船行可二十余日,有谌离国;步行可十余日,有夫甘都卢国。自夫甘都卢国船行可二月余,有黄支国,民俗略与珠厓相类。其州广大,户口多,多异物,自武帝(公元前 140—公元前 87 年)以来皆献见。有译长,属黄门,与应募者俱入海市明珠、璧流离、奇石异物,赍黄金杂缯而往。所至国皆禀食为耦,蛮夷贾船,转送致之。亦利交易,剽杀人。又苦逢风波溺死,不者数年来还。大珠至围二寸以下。平帝原始(公元 1—5 年)中,王莽辅政,欲耀威德,厚遗黄支王,令遣使献生犀牛。自黄支船行可八月,到皮宗;船行可二月,到日南、象林界云。黄支之南,有已程不国,汉之译使自此还矣。[①]

在上文的引用中根据合理的分析可以知道,马来西亚的地理位置在海上贸易中占据着非常重要的位置,商船在往来过程中需要在马六甲海峡补充物资。汉代时期,中国派遣使节出海时,有当地居民前来应募向导者,这就说明早在汉朝时期民间

---

① 《汉书·地理志》,北京:中华书局版 1962 年版。

便已知道马来西亚的存在，也和半岛各国展开贸易往来。① 马来西亚作为海上运输中转站早已被民间商人船队所熟知，并能为出使提供一定的认知和帮助。

在南北朝时期，中国和马来西亚的经济交往逐渐加深，半岛上的国家开始被记载，较为有名的有狼牙修国和丹丹国等。两国与中国交往甚多，并始终保持着积极的交往关系。狼牙修在公元515—568年期间多次派遣使者到中国，两国之间关系密切。而丹丹国亦从公元530—669年期间多次派使来访中国，更是献上各种奇珍异宝，如牙象、牙塔、金、银、瑠璃、杂宝、火齐珠、古贝、香药等，为保持两国之间的友好交往。②

隋代，中国首次派出专门的使节到访赤土国。《隋书》中记载到赤土国位于狼牙修的南面，其所在地域由今玻璃市、吉打、威斯利、霹雳和吉兰丹等构成。赤土国是当时各地往来货物的重要中转地，经贸发展十分繁荣，隋炀帝特派使者出访赤土国。③ 对于隋炀帝特派使者出访，赤土国亦显得十分重视并热情款待，两国都非常看重本次出使，具体细节如下：

> 炀帝即位，募能通绝域者。大业三年（607年），屯田主事常骏、虞部主事王君政等请使赤土。帝大悦，赐骏等帛各百匹，时服一袭而遣。贵物五千段，以赐赤土王。其年十月，骏等自南海郡乘舟，昼夜二旬，每值便风。至焦

---

① 林远辉，张应龙著：《新加坡马来西亚华侨史》，广州：广东高等教育出版社，2016年7月。

② 林远辉，张应龙著：《新加坡马来西亚华侨史》，广州：广东高等教育出版社，2016年7月。

③ ［唐］魏征，令狐德棻著：《隋书》，北京：中华书局，1973年8月。

石山而过，东南泊陵伽钵拔多洲，西与林邑相对，上有神祠焉。又南行，至狮子石，自是岛屿连接。又行二三日，西望见狼牙须之山，于是南达鸡笼岛，至于赤土之界。其王遣婆罗门鸠摩罗以舶三十艘来迎，吹蠡击鼓，以乐隋使，进金锁以缆骏船。①

由上述引文可知，隋炀帝此次派遣常骏和王君政作为特使携礼前往赤土国。赤土国也丝毫不敢怠慢，派出 30 艘船前来国境迎接，并让特使受到高度礼遇。中国遣派特使出访赤土国，不仅有利于促进外域邦交的友好建立，也推动马来西亚与中国之间的密切往来，更为日后的贸易往来打下基础。

唐代的婆罗洲已经有中国商人的足迹。据《西山杂志》"林銮官"条载："唐开元八年（720 年）东石林知祥之子林銮，字安东，曾祖林智慧航海群蛮，熟知海路。林銮试舟至渤泥，往来有利，沿海畲家人，俱从之去，引来番舟，晋江商人竞相率渡海。"该书"王尧"条载："（唐）天宝中，王尧于渤泥运来木柴为林銮造舟。"② 由此可知，当时已有商人林銮、王尧等带头到渤泥③一带展开经贸活动，沿海的畲家人和晋江商人在他们的带动下纷纷渡海来到渤泥经商贸易，部分中国商人逐渐也开始在此停留或定居。

---

① ［唐］魏征，令狐德著：《隋书》，北京：中华书局，1973 年 8 月。

② 林远辉，张应龙著：《新加坡马来西亚华侨史》，广州：广东高等教育出版社，2016 年 7 月。

③ 渤泥：指现今加里曼丹岛北部文莱和东马一带的古国。

在宋、元两代中国人们到海外贸易得到繁荣发展，侨居的人数不断增多。得益于南宋时期的经济重心南移，海外贸易得到重视，因此亦有了专门管理海外贸易的朝廷官员市舶使来对此进行有效的监管。因此，中外的经济交流从之前朝贡转变为征收商品进口税，这给朝廷带来了一笔可观的收入。与此同时，宋元时期中国的造船业和航海技术得到了一定的发展，商船整体较大，安全性较高，罗盘的应用也给航海提供了极大的帮助。在宋代，马来半岛上与中国开展贸易活动的国家主要都是三佛齐国[①]的附属国，其中较为熟知的有吉兰丹、蓬丰和单马令等。在史书的记载中，从960—1178年的两个多世纪中，三佛齐国先后派使出访中国有20多次，使节大多在广州港口上岸，同一时期也有较多的泉州商人到三佛齐进行贸易。[②] 三佛齐国始终与中国保持着良好切紧密的关系。

在明朝时期，满剌加国[③]是马来半岛上兴起的一个实力强劲的国家。明朝除派使节到访马六甲外，郑和亦在1405—1433年间7次下西洋，其率领的商船满载各类珍宝，所到之处皆受民众欢迎，不仅促进了中国与当地的和谐交往，也对当地经济和贸易带来一定程度的刺激作用。郑和七下西洋有5次便是以马六甲作为驻地，其5次到达马六甲也吸引了更多的商人前来，

---

① 三佛齐国亦称室利佛逝，国土范围包括马来半岛和巽他群岛大部分地区。

② 苏基朗著，李润强译：《刺桐梦华录——近世前期闽南的市场经济（1946—1368）》，杭州：浙江大学出版社，2012年3月。

③ 满剌加国即马六甲苏丹国，其首都在现今马六甲市。

有部分商人定居马六甲和当地人通婚,所生后裔称为峇峇娘惹①。满剌加国的前三任国王十分注重与中国的友好关系,先后5次亲率妻子、子侄和臣子等前来拜访中国,更是史无前例。满剌加国和明朝的亲厚关系对其自身发展益处甚多,不仅可以让满剌加国名声在外,也促进了当地经济贸易的良好发展。

秦汉时期,海上丝绸之路开辟。据《汉书·地理志》记载,其航线为:从徐闻(今广东徐闻县境内)、合浦(今广西合浦县境内)出发,经南海进入马来半岛、暹罗湾、孟加拉湾,到达印度半岛南部的黄支国和已程不国(今斯里兰卡)。隋唐时期,海上丝绸之路走向繁荣。宋元时期,海上丝绸之路到达鼎盛。对于中国而言,中国的商船想要前往印度洋进行贸易,经过马六甲海峡显然是最便捷的选择。对于马来西亚而言,当时的中国是非常强大的存在,正所谓背靠大树好乘凉,因此整个古代时期,马来西亚地区的统治者都与中国保持着非常友好的海上贸易关系。与中国进行贸易,极大地促进了马来西亚经济的发展。

第 3 节　近代殖民经济的特点

马来西亚在 1511—1945 年期间先后被葡萄牙、荷兰、英国和日本进行侵略式殖民统治。在各国殖民期间,马来西亚的经

---

① 峇峇娘惹:中国人和当地人所生的混血儿。男性被称为峇峇,女性被称为娘惹。

济受到一定程度的损害和打击。

3.1 葡萄牙殖民时期

1511 年 7 月，葡萄牙占领了马六甲，这也标志着马来西亚殖民主义时期的开始。此后，马来西亚的经济、政治和文化等都受到了极大的损害，当地民众受到葡萄牙殖民者的残酷奴役和无情抢掠，逐渐沦为西方殖民主义的众多殖民地之一。马来西亚地处东西方海上交通和贸易的要道，其海上地位不言而喻，葡萄牙帝国主义对其进行侵略是蓄谋已久的。

葡萄牙侵略者在登陆占领马六甲后，大肆搜刮城内财富，毁坏房屋和掠夺商品、货物，并垄断了马六甲的自由贸易。从10 世纪开始，东西方之间的香料贸易就被中东穆斯林商人垄断，获利颇丰，因此葡萄牙殖民者在占领马六甲后便把胡椒和香料贸易牢牢掌握在手中。此外，所有利润丰厚的商品在运输到马六甲的时候均不能售予任何商人，而必须低于市价出售给总督的代理人，从而确保在再次销售时能获丰厚的利润。①

葡萄牙对过往的船舶使用非常严苛的手段，当船只抵达马六甲的时候必须要按人头缴纳人头税，同时所有出境的船只也必须交付许可证费才能离境。这种强制性的剥削行为让各国的商船都对马六甲避而远之，转而去到别的港口进行贸易，马六甲附近的港口迅速繁华起来。马六甲曾经的辉煌繁荣在葡萄牙的殖民统治下日渐衰落，往来商船减少，商人转向别的港口开

---

① 林远辉，张应龙著：《新加坡马来西亚华侨史》，广州：广东高等教育出版社，2016 年 7 月。

21

展贸易，当地的人们一直被奴役，部分无法忍受殖民压迫的人们转向别的地方进行贸易，有部分人们更是直接离开了马六甲。在葡萄牙统治期间，马六甲和马来半岛的整体贸易情况还是相对良好的。

3.2　荷兰殖民时期

16 世纪末，葡萄牙的海上力量开始减弱，荷兰开始对马来半岛和马六甲有了觊觎之心。1602 年，荷兰东印度公司成立，随后荷兰殖民者多次展开与葡萄牙的激烈斗争，伺机想要夺取马六甲，但却一直未能成功。17 世纪 30 年代末，荷兰海军直接将马六甲港口进行了全面的包围和封锁，把外部的物资供应切断，到 1641 年终于把马六甲攻陷。荷兰的占领意味着马六甲的殖民统治易主，马六甲的控制权落入荷兰殖民者的手中，葡萄牙殖民者长达 130 年的统治结束。

在葡萄牙殖民者长年累月的搜刮中，马六甲早已失去生机，而荷兰殖民者的残暴入侵和掠夺更让马六甲雪上加霜。当时马六甲的人民生活在水深火热之中，人口从原有的 2 万人直降至约 2700 人。荷兰殖民者在攻占马六甲后，被荷兰钦命大臣朔滕（Schouten）记录为：

> 战争和疾病夺去了生命，城外地区完全被摧毁，房屋几乎一无所存，马六甲河两边的住宅完全被破坏，城市两边的菜园和果园都荒芜了，果树被砍倒了。[1]

---

[1] Vitctor Purcell, The Chinese in Malaysia, Kuala Lumpur：Oxford Uniwersity Press, 1967, P28.

在上述的记录中可以看到，荷兰的殖民者的到来让马六甲变得满目苍夷，人口大量死亡和流失。为了让马六甲糟糕的状况得到改善，荷兰殖民者采用了相应的改革措施，其中包括取消人头税、让幸存者租用或使用土地等，但是贪得无厌的荷兰殖民者极力压榨，改革以失败告终。

荷兰统治时期实行高度垄断的贸易政策，比起葡萄牙是有过之无不及。商贸政策规定苛刻，关税征收较高，同时也仿照葡萄牙对于香料和胡椒采取垄断购权，但最终并没有成功。在荷兰统治期间，马六甲和马来半岛的大量财富被殖民者掠夺，港口贸易经济也走向衰退。

3.3 英国殖民时期

在 1826 年，槟榔屿（包括维斯利省）、马六甲和新加坡被英国殖民者合并建立海峡殖民地，并归东印度公司管理，从而奠定了英国在远东的霸权地位。[①] 最初英国殖民者的霸权仅是贸易服务，并不干预马来半岛上的各邦内政。但随着西方资本主义工业的快速发展，对于原料和市场需求与日俱增，半岛上丰富的物资及交易活动很快便遭到殖民者的政策干预。

从 19 世纪 70 年代起，英国的工业地位逐渐开始丧失，内部矛盾不断增加，促使了英国加速对外的资本扩张和掠夺。英国开始对马来西亚的自然资源进行开发，尤其是对橡胶和锡的开发。橡胶和锡资源都是重要的工业原料，可以在世界市场上找

---

① 魏达志著：《东盟十国经济发展史》，深圳：海天出版社，2010年 4 月。

到大量买家，因此英国大量投资并严格控制这两种资源的生产。

英国首先对马来西亚的农业进行开发，橡胶树被带到当地进行种植，结果非常成功，于是便被大面积推广，加上 19 世纪初有大量的华人迁移到马来半岛，这给种植橡胶树提供了良好劳动力基础。同时，因为电气业和轮胎制造业的快速发展，世界市场上对于橡胶的需求蓬勃发展，也为橡胶的大量输出提供了宽阔的渠道。在 1916 年，马来西亚的橡胶出口量已经超越锡的出口量，成为马来西亚出口第一的产品，也是最重要的出口产品之一。

英国也对马来西亚的矿产资源进行开发，首先是采取倾斜政策限制华人资本在锡生产的份额，其次是使用机器对锡进行采挖，大大提高了锡的生产效率，从而也降低了人工成本。马来西亚锡产量得到迅猛增加，从而也推动了当地炼锡业的快速发展。在英国的强势经济掠夺之下，马来西亚的经济主要以种植业和矿产业为主，产业结构畸形并严重依赖进口满足生活所需。

英国对马来西亚的殖民统治时期，对其经济的发展影响最为深远，让马来西亚的经济从封建经济转变为殖民经济。同时，殖民者利用其丰富的资源和大量的廉价劳动力攫取了丰厚的回报，让马来西亚成为赚取最多美元的地区，但大多美元收归英国殖民者囊中。[1]

---

① 覃主元著：《战后东南亚经济史（1945—2005）》，北京：民族出版社，2007 年 7 月。

3.4 日本殖民时期

日本侵略者在 1941 年 9 月击退英国殖民者，成功占领整个马来半岛。日本侵略者在占领马来西亚后，对当地各族人民进行了惨绝人寰的屠杀，尤其针对华人。在日本侵占时期，马来西亚的经济遭受了沉重的打击，当地物价飙升，通货膨胀十分严重。

日军进入马来西亚时便将所有的矿产、橡胶园和港口等重要经济部门交由日本垄断资本家进行接管。殖民者无情的掠夺和侵占，使得当地的橡胶和锡的产量迅猛下降，其掠夺手段更是让资源在后期短时间内难以恢复。在 1941—1945 年间，橡胶的产量暴降近 70 倍，从 600960 吨跌落至 8700 吨。此外，沉重的赋税也让人们难以接受。在日本殖民统治的时期，数以十万计的无辜民众被杀害，尤其以华人数量最多，境内所有的锡矿场和橡胶园均受到损坏，日本殖民者不仅对马来西亚的经济带来惨重的损失，也给人们带来了沉重的苦难。①

马来西亚所处的位置得天独厚，而且有着非常丰富的土地资源，马六甲海峡更是连接沟通太平洋与印度洋的重要海上道路。如果殖民者能够帮助马来西亚发展，在先进的技术和管理经验的加持下，马来西亚的经济一定能够腾飞。可是，无论是葡萄牙和荷兰，还是英国和日本，它们只会对马来西亚进行剥削，虽然这些殖民者也带来了一些先进的技术，但是这并没有

① 魏达志著：《东盟十国经济发展史》，深圳：海天出版社，2010年4月。

给马来西亚人们带来任何好处。在整个殖民统治时期,马来西亚的人民苦不堪言。

第 4 节　第二次世界大战前经济状况

20 世纪初期,马来西亚的主要经济支柱是由种植业和锡业所构成。马来西亚种植业原先主要是以木薯、甘蔗、丁香、肉豆蔻等作物为主,但因在 20 世纪初期,汽车使用率的提高和充气式轮胎的出现,橡胶的需求量开始不断增加。世纪交替时,原先种植的木薯、甘蔗、丁香、肉豆蔻等产物开始慢慢被橡胶所取而代之。与此同时,英国殖民者带着大笔资金和领先的采矿技术来到马来西亚,并开始对深层的锡资源进行开采,随后锡矿大量开采,采锡业也得到了快速的繁荣。

汽车行业的不断兴盛为马来西亚的橡胶业带来了空前绝后的机会。全球各国对于橡胶的需求量的越来越大,从 1900 年到 1920 年期间,橡胶的需求量提高了两倍。橡胶的价格也从 1897 年的每磅 3 先令上涨至 1906 年的每磅 6 先令 3 便士,1910 年更是飙升到 12 先令 9 便士①。在这丰厚利益的驱动下,大量种植园开始种植橡胶,马来西亚的橡胶行业也因此获得了 10 年的腾飞。英国殖民者看到了这个商机后,便把大量的资本投入到种植业中,开始大量收购华人和马来人的种植园,把橡胶作为主

---

① J. M. Gulick, Malaysia, London: Earnest Benn Ltd. , 1964, p52 – 56.

要的经济作物，橡胶的种植面积出现了急剧的扩张。

1908 年，橡胶的种植面积达到了 168048 英亩，仅仅 5 年的时间，橡胶便成为了马来半岛上唯一的经济作物。橡胶的价格在第一次世界大战后不断上涨，半岛上的橡胶园呈现出百花齐放的景象。1917 年，半岛上橡胶的种植面积超过 100 万英亩。1918 年，马来西亚的橡胶产量约占世界产量的 63%，约 70% 的橡胶出口到美国。

随后在大萧条时期，全球经济衰退使得各国的经济都受到了严重的影响，马来西亚也不例外。在经济大危机时期，美国的汽车行业需求量大幅度减少，进而影响轮胎生产所需要的橡胶价格暴跌，1932 年更是跌到仅值 7 分钱每磅①。一时之间，很多橡胶园都受到了不同程度上的影响，部分橡胶园直接宣布破产，部分橡胶园仍在苦苦支撑，但工人几乎都被解雇。

19 世纪末、20 世纪初，锡矿业在马来西亚经济中占据主导地位。19 世纪末，在马来西亚锡矿的开采主要以华侨为主。华侨所拥有的锡矿场规模相对较小，工具简陋，设备落后，只能开采锡矿表层，深层的锡矿无法获得。1880 年，一担锡的成本是 19 元，而市场售价却高达 30 元。此时，拥有先进采矿技术的英国殖民者开始把采矿机器输送到马来西亚，并投入大量资金到锡矿业。同时，世界市场因罐头食品工业的兴起而对锡的需

---

① 范若兰，李婉珺，[马] 廖朝骥著：《马来西亚史纲》，北京/西安：世界图书出版公司，2018 年 7 月，第 138 页。

求日趋增加。① 因此，英国投资者利用机器大量开采锡矿，马来西亚也成为了世界最大的锡产地。

英国资本家拥有高效率的开采设备，相比华侨而言，在锡矿的开采过程中极具优势，也因高效率而获得了巨大的利润空间，使得许多英国资本家蠢蠢欲动。1901 年到 1910 年间，英国在马来西亚的锡矿业中投资甚至多于 200 万英磅，且有殖民政府对英国资本家的扶持，英国的采矿企业迅速霸占市场，代替了华人的矿场，成为马来西亚锡矿业中的龙头。1900 年至 1928 年，英国资本的锡矿产量不断提高，所占比例也从 22% 增长到 49%，反观华人的锡矿产量则一路走低，所占比例也从 78% 下降到 51%。② 大部分的锡矿企业都属于英国所拥有，华侨锡矿企业所剩不多。

在经济大危机时期，国际上的锡矿价格大幅度下降。1929 年，一担锡的价格高达 104.32 元，随后几年价格一直呈下滑趋势，到 1932 年，每担锡的价格只有 69.75 元。世界锡市场价格混乱，国际锡业委员会为了避免各国出现恶性竞争的行为，以限产来稳定锡的价格。③ 最终，在殖民政府的庇佑之下，英国锡矿获得较多的生产额度，产量继续保持上升趋势，但华人锡矿却在压制下产量不断减少。

---

① 林远辉，张应龙著：《新加坡马来西亚华侨史》，广州：广东高等教育出版社，2016 年 7 月。

② 范若兰，李婉珺，[马] 廖朝骥著：《马来西亚史纲》，北京/西安：世界图书出版公司，2018 年 7 月，第 139 页。

③ 范若兰，李婉珺，[马] 廖朝骥著：《马来西亚史纲》，北京/西安：世界图书出版公司，2018 年 7 月，第 127 页。

第 5 节　二战后经济发展状况

在二战前，马来西亚经济结构单一，整体比较脆弱，主要以矿产、橡胶和农业为主。在二战期间，因受到日本的法西斯殖民统治，马来西亚的经济已处于瓦解的边缘，各行业经济支离破碎。二战后至独立前，马来西亚的经济进入恢复期，主要是由两个阶段所构成。第一阶段是 1945—1954 年间，英国从日本手中再次夺回殖民统治权利，在英国的领导下，英、美等西方国家对马来西亚进行投资。外国资本的注入，使马来西亚的经济恢复发展较为迅速，经济支柱产业如橡胶业和锡矿业恢复到战前的经济水平。第二阶段是 1955—1956 年，联盟党执政期间的经济恢复和发展的阶段。

在 1945—1956 年间，出口贸易占据着马来西亚的国民经济中的重要比重，马来西亚经济结构相对单一，出口产品主要以锡和橡胶为主，进口产品则以粮食和轻工业产品为主。同时，这段期间马来西亚的主要经济命脉始终掌握在国外公司手中，尤其是进出口产品和经济支柱的把控。

1957 年 8 月 31 日，马来亚①正式独立。在独立后，马来西亚为了要改变经济单一、失业率高、严重依赖进口的局面，政府提出"新兴工业法"，改变原有的经济结构，减少消费品的进口，提高资源的加工程度来扩大增加工业部门的就业率。在

---

①　马来亚：马来西亚国家的前身。

1957—1970 年间，马来亚政府先后出台 3 个"五年计划"，分别是第一马来亚计划、第二马来亚计划和第一个马来西亚计划。①这 3 个政策出台的主要目的是为了改变单一的殖民经济结构，减少对橡胶和锡的重度依赖，开始对产业结构和产品结构进行改变和调整。这一时期也被称为"进口替代政策"时期。

在 1971—1990 年推行面向出口新政策时期，马来西亚各个部门经济都得到了一定的发展。在农业方面，政府重视对于农业的投入，农业在这段时期内得到较好的发展。农业从最初的单一依靠橡胶种植转变为以橡胶和油棕种植为主，大米、可可和椰子为辅的多元化发展。制造业在政府的大力推动和扶持下，获得了迅猛的发展并成为重要的经济部门。工业化进程的快速发展对运输业的要求也不断提高，政府也对交通运输投入较大，使马来西亚成为东南亚地区交通运输设施最完善的国家之一。受到出口工业化战略的带动，马来西亚的对外贸易也获得了长足的发展，由出口初级产品到出口产品中的制成品发生转变，其主要贸易对象包括中国、新加坡、日本、美国、欧共体和澳大利亚等。

马来西亚作为东南亚国家联盟的创始国之一，一直以来都极力推进东南亚和东亚地区的经贸合作，并强调地区之间的紧密合作是使本国经济获得持续发展和应对经济全球化的必经之路。在 1994 年的东盟首脑会议时提出建立"东亚自由贸易区"的目标，加强区域之间的紧密合作。1997 年 12 月，首次

---

① 魏达志著：《东盟十国经济发展史》，深圳：海天出版社，2010年 4 月。

中国—东盟领导人非正式会议在吉隆坡展开，同时中马双方确立了友好互信的伙伴关系，并为地区经济的合作奠定了良好的基础。①

<hr>

① 吴士存著：《越南、马来西亚、菲律宾、印度尼西亚、文莱五国经济研究》，北京：世界知识出版社，2006 年 12 月。

第 2 章　印度尼西亚

印度尼西亚共和国，简称印尼，位于亚洲东南部，地跨赤道，与巴布亚新几内亚、东帝汶、马来西亚接壤，另与新加坡、菲律宾和澳大利亚等国家隔海相望。印尼国土面积约为1913578.68平方公里，全国共有一级行政区（省级）34个，包括雅加达、日惹、亚齐3个地方特区和31个省。二级行政区（县/市级）共514个，其首都为雅加达。印尼人口约为2.68亿，世界第四人口大国，有数百个民族，其中爪哇族人口占45%，巽他族占14%，马都拉族占7.5%，马来族占7.5%，其

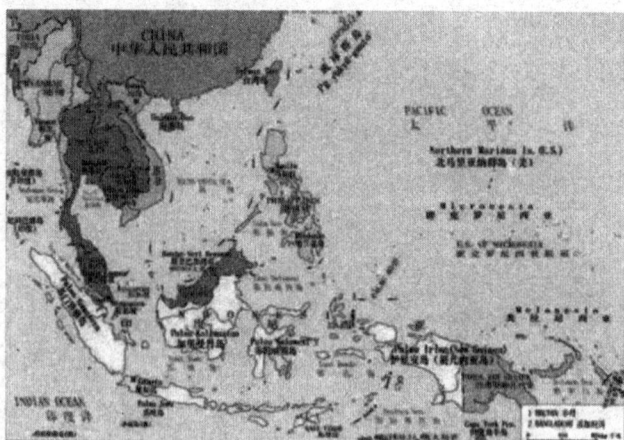

他占 26%。其中，印尼人口中约 87% 的人口信奉伊斯兰教，是世界上穆斯林人口最多的国家；6.1% 的人口信奉基督教，3.6% 的人口信奉天主教，其余信奉印度教、佛教和原始拜物教等。印尼的官方语言为印尼语，民族语言多达 200 多种。

印尼自然资源种类繁多，富含石油、天然气和各类矿产资源，其中锡、煤、镍、金、银等矿产量位于世界前列。矿业在印尼经济中占有主要位置，其产值约占 GDP 的 10%。农业中，优越的地理条件让印尼盛产橡胶、棕榈油、可可和咖啡等经济作物。旅游业也是印尼的重要经济支柱之一，印尼岛屿众多，政府长期重视旅游业的发展，积极兴建各类酒店，以及简便的入境手续都为旅游业带来大量游客。

印尼作为东盟最大的经济体，本国农业、工业、服务业均在国民经济中发挥重要作用。尤其在 20 世纪 60 年代后期，印尼调整国家经济结构后，经济开始增速，1970—1996 年间 GDP 年均增长 6%，跻身于中等收入国家。1997 年受亚洲金融危机重创，印尼经济倒退严重，货币大幅度贬值。直至 1999 年底，印尼的经济才开始缓慢复苏，GDP 年均增长 3%~4%[①]。

第 1 节　古代经济特征

印度尼西亚岛屿众多，各地区之间经济发展相差较大。相

[①] 数据来源：中国外交部，印度尼西亚国家概况（2021 年 2 月更新）。

比内陆地区而言，沿海地区拥有较高的生产力，开展对外贸易，商品流通速度较快，因此经济发展相对较好。由于贸易展开带来更为严重的贫富分化，导致了不同阶级的划分，慢慢地，古代印度尼西亚的社会性质开始改变，成为了阶级社会。

在中国古籍中对印度尼西亚较早的记载约在公元前 2 世纪后半期，其中，被提及到出现最早的国家是叶调①，也被称为斯调、耶婆提等。由于被海洋包围，海上贸易的不断发展，在印度尼西亚各岛上有来来往往的中国商人和印度商人，在商船停靠补给的同时也在岛上开展贸易，相互交换各自所需的新商品。印度尼西亚用其特有的方物及香料换取印度的棉花、金属器皿以及中国的陶器和丝绸等。

印度尼西亚长期受到印度文化的影响，其体现在政治、文化和宗教方面，尤以宗教影响最为深远，印度尼西亚的婆罗门教、佛教先后都是由印度传入。婆罗门教主张严格的等级划分，受到各古国统治者的喜爱；而佛教则受到更多民众的喜爱，后取代婆罗门教在印度尼西亚的宗教地位。

3—7 世纪时，印度尼西亚开始建立一些较为分散的王国，其中以室利佛逝最为有名。室利佛逝②以苏门答腊岛巨港为据点迅速崛起，是印度尼西亚史上第一个强大的帝国。据中国古籍记载，室利佛逝疆域辽阔，"东西千里，南北四千里而远"，其

---

① 叶调：位于现爪哇岛，亦说苏门答腊岛，或兼指爪哇和苏门答腊两岛。

② 室利佛逝：7—14 世纪，一个位于巽他群岛信奉佛教的海上强国，是东南亚古代最强大的国家之一。

都城皆为垒砖为城，周数十里。国王拥有最高权力，国家拥有一支强大的武装军队，闲时习水陆战，战时随时调遣。室利佛逝在其鼎盛时期，势力范围甚至伸展到马来亚，进而占领苏门答腊岛，且覆盖整个马来半岛。

9世纪时，室利佛逝与爪哇另一强国夏连特拉王朝①利用联姻的方式，强强联合，使得彼此之间的势力范围更加辽阔。室利佛逝的不断壮大给印度尼西亚的社会经济带来较大的促进发展，都城巨港地处海上交通便利的马六甲海峡南端，不仅是中国与印度海上商贸的中转地，还是印度尼西亚的香料贸易中心。巨港上商贾熙来攘往，商品种类繁多，贸易十分发达。室利佛逝的高度发展不光在海上经贸方面有所体现，其对于佛教的弘扬同样闻名遐迩，并成为该时期东南亚佛教的圣地。

10世纪中，马打兰王国②随着夏连特拉王朝政治中心迁移到巨港的机会，亦将其势力范围由爪哇的东部向中部开拓。11世纪，马打兰王国分裂为两个国家，东部为戎牙路王国，而西部为谏义里王国。随后在12世纪初，谏义里王国一举将戎牙路王国歼灭，并扩大其势力范围，其领土包括今天的爪哇岛东部、中部和南部地区，与三佛齐对峙，境内贸易繁荣，文化昌盛。

1222年，在安洛的带领下，农民起义彻底推翻了谏义里王国的统治，随之建立新柯沙里王朝③。新柯沙里王朝不断向外开

---

① 夏连特拉王朝：亦称为山帝王朝。
② 马打兰王国：8—10世纪期间存在于中爪哇的一个印度化国家，后被三佛齐所灭。
③ 新柯沙里王朝：13世纪存在于东爪哇的一个王国。

疆扩土，一度成为称霸一方的强国，势力范围延伸至马来半岛上，但其政治局势较混乱，且一直无法解决局势问题，后在1293 年灭亡。

13 世纪末到 14 世纪初，满者伯夷①创立并最终成为印度尼西亚史上第二个强大的帝国。满者伯夷在建国初期，内部各方势力占据一方，战争不断。1331 年，满者伯夷首相咔嚓·马达采取一系列方式加强了中央集权，此后使得国力兴旺。在改革措施的影响下，国内经济得到大力促进，修建水利，发展农业生产，统一税收制度；政治稳定发展，设立等级划分，各级官员由中央派遣；军事上从各地抽取青壮年，并由中央构建军队进行训练。14 世纪中后期，满者伯夷在经历一系列的整改后，其经济势力和综合国力达到鼎盛时期，疆域面积不断扩大，甚至延伸至泰国南部、菲律宾及东帝汶，并成为 14 世纪东南亚经济实力最强大的国家②。

15 世纪后期，满者伯夷在内忧外患的情况下开始变衰弱。国内内战不断，中央集权的威望不断下降，同时，马六甲王国的兴起渐渐替代了满者伯夷在东南亚商贸中转站的位置。随后，佛教慢慢被伊斯兰教所取代，自 12 世纪开始，沿海地区的一些王国信奉伊斯兰教，并逐渐脱离满者伯夷的控制，致使满者伯夷在内外交迫的情势下土崩瓦解。

---

① 满者伯夷：亦称麻诺巴歇，13 世纪东爪哇的一个王国，位于现泗水的西南方。

② 魏达志著：《东盟十国经济发展史》，深圳：海天出版社，2010年 4 月。

古代时期印度尼西亚的经济主要是以对外贸易为主，尤其是与中国和印度的经济往来尤为密切，其自然资源、海洋资源较为丰富，同时促进一些经济作物的种植发展。此外，各类矿产资源储量较大，分布面积广，亦为印度尼西亚的出口经济带来一定的发展契机。

第 2 节　古代与中国的经济交流

古代中国和东南亚各国发展海上贸易的时候，便渐渐开始有中国人在当地停留定居，大部分为往来各国贸易的沿海地区商人，部分亦有当时随商船南下的船员，其多数都是因为贸易的原因在海外定居谋生。

汉代时期，中国、印度与东南亚开始海上贸易之路，在当时中国所制作的航海船舶已经能使用风帆在大海中行驶。西汉时期，中国派出使者和商人出海到印度展开贸易合作，但是由于路途遥远，大多商船都在马来半岛进行休整，补充物资，因此对马来半岛的情况了解较多。和马来半岛的商船相比，印度尼西亚往来的商船较少，主要都在沿海地区停留并进行物资的正常补给，并没有开展大规模的贸易活动。同时，该时期外出访问或作经济交流的大多是政府遣派使者，及应募同行的商人，大多与国外的经贸活动以官方贸易为主，性质属于官方经济交流为主，因此无法展开大规模经贸活动。

三国至隋代时期，中国的造船和航海技术得到了较大的提高，因此，与东南亚各国的海上经贸联系比汉代更为密切。据古籍《吴时外国传》①中记载，"诸薄国女子织作白叠花布"②"诸薄国之东有马五洲，出鸡舌香"③"诸薄之西有薄叹洲，土地出金，常以采金为业，转卖与诸贾人，易粮米杂物"。④ 此外，在荷印殖民政府时期亦发现中国六朝时代的有盖陶罐，这些都可以被视作中国和印度尼西亚之间紧密往来的见证。由此可见，印度尼西亚在三国时期得益于其海上交通便利，海上贸易主要以出口本地特产，矿业相对较多。

南北朝时期，通往西域的陆路交通被北朝断绝，南朝无法通过陆路到达西域，由此迫使南朝只能通过海路前往西方，这推动了南朝造船和航海技术的不断提高和海上贸易的迅速发展。此外，宗教的影响也加深了中国与东南亚各国的交流，印度的佛教首先在东南亚地区广为流传，随后经陆路传入中国，随行出海的人员中除了外派使节和商人带着商品特产外出贸易外，还有佛教僧侣的加入，进行佛教的学习和传扬。

东南亚各国遣使到中国进贡被古籍记载较多，其中印度尼西亚向中国朝贡的国家也不少。这些国家包括爪哇中部的呵罗单国⑤，在430—452年期间进贡8次；苏门答腊的婆皇国在

---

① 《吴时国外传》：三国时吴国的康泰所著记载出使南国见闻的一部书，此书为古代南海最早的地志专书。

② 诸薄国：据考证，诸薄国即指爪哇岛。

③ 马五洲：据考证，马五洲即指巴厘岛，但亦有说是安汶岛。

④ 薄叹洲：据考证，薄叹洲可能指的是苏门答腊岛。

⑤ 呵罗单国：指现今苏门答腊或爪哇岛，或指两岛。

442—466 年间，先后进贡共 7 次；苏门答腊东南部的干陀利国①在 455—520 年期间朝贡 4 次；巴厘岛的婆利国也在 473—522 年间向中国多次进贡。从印度尼西亚向中国的进贡情况看，可以知道印度尼西亚各个小国与中国建立并保持良好的邦交关系，同时也维持着海上的贸易联系。

7 世纪，有几个强盛的印度化佛教国家在印度尼西亚崛起。如 7 世纪中期崛起的室利佛逝，其势力范围一直不断扩大延伸至马来半岛上，同时控制了马六甲海峡和巽他海峡，扼住海上交通贸易的咽喉，从而在海上贸易中获得丰厚的经济利益，成为 8 世纪末到 9 世纪中东南亚海上贸易强国及弘扬佛教的所在地。室利佛逝与中国一直保持良好的密切交往关系，在 670—741 年间先后多次向中国朝廷进贡。

亦如 7 世纪初，在爪哇中部兴起一个印度化佛教国家为诃陵国②，同样在海洋位置上有其得天独厚的优势，是连接中国、印度、波斯以及阿拉伯之间的海上贸易要道。此外，诃陵国也是该时期弘扬佛教文化的所在地之一。760—775 年，夏连特拉王朝先后统治了诃陵国（后改成迦吒呵）和室利佛逝，但两国仍是各自为政，互不相干。904 年，夏连特拉王朝合并迦吒呵、室利佛逝和马来半岛，称其为"三佛齐"。

唐朝时期，中国出口至东南亚以及波斯湾地区的商品多以

---

① 干陀利国：位于现今苏门答腊岛的巨港一带，古代位于东西海上航线上，公元 5 世纪中到 6 世纪中就和中国有交通、贸易关系。

② 诃陵国：位于现今印度尼西亚中爪哇省北部沿海地区。诃陵、古泰与达鲁马同为印度尼西亚史上最早的王国之一。

丝绸和陶瓷为主，还有部分金银铜铁等制品。而从东南亚以及波斯湾地区进口到中国的商品除了珍贵的制成品外，还有包括乳香、苏木、龙脑香、安息香、青木香、苏合香、龙血①、白豆蔻等药类、香类商品。②

宋朝时期，中国和印度尼西亚国家之间或是两国民间商人之间的经贸交流都远比唐代更有进步。宋朝海上主要贸易方式大致上分为两种，第一为官僚贵族的私营贸易方式，第二是普通民间商人的海上贸易。宋代时期，在印尼群岛中有部分国家除了由国王安排的使节出访中国外，还有个别是由贵族或地方首领遣使出访中国，其所带来的商品只能到达广州或泉州，并以"奉贡"或"献方物"为名，进行私营海上贸易活动。此外，中国普通的民间商人也在开展海上贸易活动，频繁的民间商贸活动十分受到各地民众的欢迎。

元代，元世祖忽必烈在继承其汗位后就十分深知对外贸易的重要性。在海外贸易方面，继续沿用宋代的对外贸易制度，同时设置市舶司4所，其职责为审核往来船只、人员和货物，并征收一定的税款。随后，中国对外贸易渐渐得到恢复，东南亚各国开始与中国通商，贸易情况慢慢有所好转。由于元政府对于海上贸易政策管理较为宽松，因此，有较多民间商人开始出海经商贸易。1314年元世祖逝世后，继承者与满者伯夷达成

---

① 龙血：即龙血树，是名贵的云南红药，在李时珍的《本草纲目》中被誉为"活血圣药"。

② 李学文，黄昆章著：《印尼华侨史》，广州：广东高等教育出版社，2016年7月。

友好往来，建立良好的商贸合作。此后，中国商人在印度尼西亚的贸易活动范围更加辽阔，且与当地人民关系密切友好。①

明朝时期，由于中国国内环境不平定，因此对外的海上贸易政策采取较为保守的政策。1368—1389 年间，明太祖主要强调是加强海上防范，并实施海禁。废除了 3 个市舶司，对于外来朝贡的次数和朝贡的商品也诸多限制，随后几乎切断了所有的朝贡海外贸易，此后中国的海上贸易开始逐渐衰退。

1403—1434 年间，海禁政策有所变化，从原来的保守政策向积极的政策改进。明成祖即位后，积极派遣使者到访周边国家，其目的在于恢复以往与别国之间的朝贡往来关系，促进对外贸易合作，带动经济的良好发展。明成祖派遣郑和多次下西洋是想要寻求与别国之间的和平友好的外交，并能够建立互惠互利的贸易关系。

郑和七次下西洋都与印度尼西亚有着千丝万缕的联系。爪哇人民对于郑和下西洋的印象是良好正面的，"有一位富裕的船长，名叫丹布·阿旺（爪哇人对郑和的尊称），他有多艘满载货物的海船，而且他是一位乐善好施的商人"②。由此可知，在爪哇民众眼中郑和是一位乐于助人心存善念的商人，他的到来受到民众的欢迎和支持。

印度尼西亚的海外贸易主要是由其矿产资源、自然资源和香料为主，尤其是室利佛逝发展鼎盛时期，香料市场一度垄断

---

① 李学文，黄昆章著：《印尼华侨史》，广州：广东高等教育出版社，2016 年 7 月。

② 同上。

市场贸易，成为东南亚贸易中转站。随后，以其出产的香料、药类作为特产方物，在对外贸易中作为主要交换产品进行贸易。

第 3 节　近代殖民经济的特点

15 世纪开始，西方各国在商业的不断推动发展下，急需大量的资金作为经济支撑，同时，由于陆上贸易被中断，对于香料的需求量无法得到满足，西方列强决定把手伸向了东南亚，去寻求资金和香料的满足。印度尼西亚以香料著名，成为西方列强的抢夺目标，先后遭到葡萄牙、西班牙、荷兰、英国和日本等殖民列强国家的侵占，不同时期不同国家对于印尼的影响各不相同。其中，荷兰对印度尼西亚的殖民统治甚至长达 300 多年。

3.1　荷兰统治时期

1512 年，葡萄牙最先对印度尼西亚进行殖民掠夺，以武力对马鲁古群岛的安汶岛进行抢夺。马鲁古群岛是以盛产丁香和豆蔻等香料举世闻名，因此便成为了西方列强首先想要抢夺的目标。葡萄牙在夺得了香料市场的垄断权后，大量攫取市场上的资金。

1596 年，荷兰人跟随着葡萄牙人的脚步到达印度尼西亚，荷兰商人构建的第一支殖民队伍初次闯进印度尼西亚。1598 年，荷兰组建的第二支队伍在万丹①上岸。1602 年，荷兰成立"荷兰东印度公司"，为了增强与葡萄牙、西班牙和英国在东方夺取贸易的力量，荷兰国会将"东印度公司"作为在东方进行侵占的总部。1609 年，荷兰占领安汶②，1619 年荷兰侵占爪哇的雅加达，将其更名为"巴达维亚"，并设立总督府，从此印度尼西亚开始了荷兰殖民统治时期。

荷兰对印度尼西亚的殖民统治，其主要目标是为了掠夺资源和进行垄断行业，因此，荷兰仅在印度尼西亚一些海岸设立占据地并对要地进行控制，但并未对其广阔的土地进行统治。荷兰殖民者看到印度尼西亚小国林立，相互竞争，缺乏有效统一管理的缺陷，便利用这些缺陷在各国之间挑起矛盾和争端，来巩固荷兰在印度尼西亚的统治地位。

3.2 英国统治时期

英国在 1811 年的时候占领爪哇，随后在 1816 年将其归还给荷兰。英国对印尼统治的 5 年期间，所推行的政策对日后印度尼西亚的历史进程带来一定的影响。英国对印尼主要实施的政策主要包括两个方面：其一是宣布土地归国家所有，以土地税取代实物和劳役等旧制；其二是在印尼建立中央集权的完整行政和司法体系，这样有利于降低城邦权力从而加强中央集权。

英国推行中央集权制度的发展，主要是让印度尼西亚变成

---

① 李学文，黄昆章著：《印尼华侨史》，广州：广东高等教育出版社，2016 年 7 月。

② 安汶：安汶岛上的主要港口城市，是马鲁古群岛中最大的城市。

英国的原料输出地和产品销售地，在不断攫取资源的同时，也在印尼的商品市场上进行经济的掠夺。此外，除了以上的措施，为了提供有文化的自由劳动者，英国明令禁止对奴隶的贩卖、废除以奴抵债的行为并大力推动文化事业的发展。

3.3 荷兰再次统治时期

1814 年，英国与荷兰签订《伦敦条约》，在条约中说明当拿破仑战争结束后，英国需要把在战争中霸占的荷兰殖民地归还给荷兰。1816 年，荷兰殖民者再次对印度尼西亚进行统治。在 1830—1870 年间，荷兰殖民政府对印尼推行强迫种植制度，对爪哇地区的农田造成一定的毁坏。强迫种植制度主要是为了强制农民去种植适合欧洲市场所需的农产品，满足欧洲市场的需求，其主要的农作物有甘蔗、咖啡、茶叶、烟草、棉花及胡椒等经济作物。这些经济作物只能按照荷兰殖民政府所规定的价格出售给政府，某程度上是强行对农民进行残暴的压榨和打压。①

强迫种植制度的实施对于印度尼西亚的农民而言是一场灾难，但是对于荷兰殖民者而言却是带来了丰厚的利润。在 1830—1860 年间，荷兰殖民者通过强迫种植制度在印尼获得巨大的财富，并让荷兰利用这些资本获得新的发展，铁路网、纺织业和一些新兴工业慢慢得到建立，银行的存款和资本的积累也越来越多。

---

① 吴士存著：《越南、马来西亚、菲律宾、印度尼西亚、文莱五国经济研究》，北京：世界知识出版社，2006 年 12 月。

推行强迫种植制度维护了少部分王室和贵族的权益，让其从中获取高额的利润。但垄断贸易对于荷兰工商业的发展是有害的，其损害了新兴工商业资本家的利益，遭到资本家的强烈反对。1833 年，被强迫种植制度打压的印尼农民开始奋起反抗。1841 年，苏门答腊西部爆发农民起义；1846 年，爪哇农民点燃 7 座烟草种植园表达不满。随后农民开始离开农村，农田无人耕种，造成社会动荡不安。1870 年，在各种情势的要挟下，荷兰殖民政府最终被迫决定取消强迫种植制度①。

1870 年，荷兰殖民政府在取消强迫种植制度后，实施新殖民政策，其主要的措施是《土地法》和《糖业法》。《土地法》的颁布意味着土地可以按照国有或是私有的不同，按照有限期限进行出租，买主有权在私人领地内对其居民征收赋税及强迫劳动。《糖业法》准许私人经营甘蔗的种植和糖类的制造。

《土地法》的颁布吸引了包括荷兰、美国、英国和法国等国家在内的大批国外资本到印尼投资，并集中投资于矿业和种植业中。随着外国资本进入印尼本地市场，土地的出租也为种植业的发展带来一定的促进作用，各类经济作物的生产能够快速得到增加，但使印度尼西亚的经济命脉受到国外资本的把控。此外，西方资本的大量投入，使印尼的工厂也得到了迅速发展，各类矿产和土产的生产量发生了较大的变化，如下表 2 - 1 所示：

① 魏达志著：《东盟十国经济发展史》，深圳：海天出版社，2010年 4 月。

表2-1 印度尼西亚主要矿产和土产生产情况

产品		1900 年	1925 年	1939 年
矿产品	石油（千吨）	534	3066	7949
	煤（千吨）	203	1401	1781
	锡（千吨）	18	32	31
	金（吨）	0.7	4.1	2.5
	银（吨）	2.3	75.2	19.2
主要土产品	糖（千吨）	744	2321	1579
	烟草（千吨）	78	116	117
	咖啡（千吨）	54	102	121
	茶叶（千吨）	6.6	53	83
	橡胶（千吨）	/	195	383
	棕油（千吨）	/	9	244
	金鸡纳（千吨）	5.6	11	12
	椰干（出口，千吨）	94	357	537
	胡椒（出口，千吨）	12	29	71

数据来源：[印度尼西亚] 萨努西·巴尼著：《印度尼西亚史》，商务印书馆，1972 年，第 621 页。①

① 魏达志著：《东盟十国经济发展史》，深圳：海天出版社，2010 年 4 月。

随着新殖民政策的实施和推广，其所带来的影响有利有弊。从整体上看，新殖民政策给印度尼西亚带来的积极影响较多，包括引进外资、各类工厂得到快速发展和促进基础设施的建设。这些改变都有利于印度尼西亚的城市和港口发展，从而对整体经济起到一定促进作用。但是某程度上看，外资的投入过多也会对经济起到一定的掌控作用，从而影响对经济的自主权，因此需要掌握好外资的投资比例。

3.4　日本统治时期

1942年3月初，日本对爪哇发起了进攻，且日本有制空权和制海权，荷兰当局不敢作为，随后日本顺利攻下爪哇。3月9日，荷兰军方总司令正式宣布投降，日军轻松夺下印度尼西亚。日军在占领印度尼西亚后，对当地人民实行残暴的搜刮，对印尼的自然资源进行残酷的抢夺。不仅把印尼所存物资抢劫一空，甚至还破坏农业的种植，强迫农民销毁原有作物，改种棉花和谷物等作物，导致印尼农业遭到严重破坏。在日本统治期间，印度尼西亚民众生活受困，难以生存，粮食不足，饥荒连年。

第4节　独立后的经济发展

1945年8月14日，日本正式宣布无条件投降。1945年8月17日，印度尼西亚正式宣布独立。在印度尼西亚宣布独立后，首先要面对的是经济上的恢复和建设问题，日军的霸占和残酷抢夺严重破坏了印尼经济的稳定性，而荷兰殖民者在其独立后再次卷土重来，更是引起印尼的政局不安和引发战乱，使得印尼的经济变得更加雪上加霜。印尼在独立初期仍受到以荷兰为主的资本经济掌控，仍旧无法获得经济上的独立自主。

以荷兰为首的西方资本依旧对印尼的经济有着控制的主动权。首先，荷兰对印度尼西亚的各垄断行业，包括对银行业、种植业、矿产业、交通运输业和工业等行业的资本占有一定的份额，从而掌控印尼的经济命脉，在各行业中获得高额的回报。其次，美国资本主要是对印度尼西亚的石油资源和矿产资源进行投资，从印尼获得的资源主要都是出口到美国，并且出口量逐年不断增加。如锡矿资源的出口量从1939年的37%增加至1954年的60%，1949年铝矾土出口总量的90%皆输送到美国，1954年出口到美国的橡胶占印尼出口总额的32%。[①] 由此可见，外国资本在印尼对于各类资源的占有比例比较大。

1945年9—11月，英国军队计划协助荷兰重占印尼，并向雅加达发起进攻，但遭到印尼军民奋起反击，两者之间不断发生武力冲突，英军发起全力进攻，印尼军民全力反抗并取得胜利，而后在三宝垄、万隆、安汶和巴厘等地接连爆发反英干涉斗争。荷兰军队在英军之后进入印尼各个城市，接手英军试图再次对印尼进行殖民统治，但由于军民反对情绪强烈而失败。

1947年7月，荷兰向印度发起第一次大规模的殖民战争，企图占领印尼东部的种植园和巨港一带的油田，后在美国的干

---

① 魏达志著：《东盟十国经济发展史》，深圳：海天出版社，2010年4月。

预下，印尼与荷兰签订《仑维尔协定》，最终荷兰霸占印尼大部分领土。1948年12月，荷兰发动第二次殖民战争，直接攻入印尼临时首都日惹，总统苏加诺和副总统哈达被俘。经过数月谈判，荷兰和印尼进行圆桌会议，政治上印度尼西亚由独立共和国变为印度尼西亚联邦共和国的一员；军事上受到荷兰控制；外交、国防、经济和文化等方面均不能拥有自主权。印度尼西亚的民众大力反对印度尼西亚联邦共和国的建立，其建立破坏了印度尼西亚的独立统一。随后在1950年8月，总统苏加诺和副总统哈达正式对外宣布建立统一的印度尼西亚共和国。

印度尼西亚战后初期，因荷兰两次发起殖民战争，印度尼西亚的军民都全力以赴进行反殖民抗争，且内政一直处于动荡不安的状态，致使印尼经济遭受严重破坏，也缺少经济恢复建设的指导，工农业生产恢复进展较为缓慢。农业生产方面，粮食的生产如大米用时10年才恢复到战前水平，主要的杂粮包括玉米、大豆和花生产量恢复较好，超过战前水平，但树薯和白薯则未达标。出口农产品除了橡胶以外，别的出口农产品如胡椒、咖啡、烟草等均未恢复到战前生产水平。种植业由于有西方资本的经营，且所有产品的都用于出口，所以大多产品的生产都能接近战前水平。战后被荷兰和西方资本控制的工业和矿业不断地发展，而民族工业发展较慢，多数经济指标仍未能恢复到战前水平。

印尼建国早期经济结构比较单一，同时经济发展比较低下，生产的产品主要以初级产品为主。荷兰对于印度尼西亚的殖民统治长达300多年，其对印尼的农业生产力造成的破坏尤为严重。《土地法》和《糖业法》的颁布在极大程度上维护了外国资本的权益，西方资本拥有印尼最肥沃的土地，种植园获得快速发展，同时也破坏了印尼农民的权益，让许多农民失去土地，拉大贫富差距。此外，荷兰殖民者再次发起殖民战争，使得印度尼西亚的经济在较长时间里难以恢复从前的生产水平。

第 5 节　独立后的对外经济关系

印度尼西亚自独立以来，一直都是秉持独立自主的不结盟外交政策，主张互相尊重，积极参加国际和地区的事务，也积极参与到亚太经济合作中。印尼是不结盟运动（NAM）的创始国之一，且在理事会中选择中立的态度，其一直在不结盟运动中起到至关重要的领导作用。印尼拥有世界上最多的穆斯林人口，且为伊斯兰会议组织（OIC）的成员国之一，其在实施外交决定时也会考虑到与伊斯兰利益的相关影响。同时，印尼也是亚太经合论坛的有力支持者。此外，印尼也积极与各国发展外交关系。

1950 年 4 月 13 日，印尼与中国建立外交关系，但在 1967 年 10 月 30 日两国停止外交关系，随后在 1990 年 7 月两国发表复交公报，并决定在 8 月 8 日正式恢复外交关系。建交后，双方贸易关系不断加深，双方便签订贸易合作协定。1949 年 12 月 18 日，印尼与美国建立外交关系，1963 年美国停止对印度尼西亚的帮助，其后两国之间的关系开始恶化。1968 年美印两国之间的关系得到恢复和发展。1958 年 4 月 15 日，印尼与日本建立外交关系，外交关系确立后，日本的各任首相和印尼的历任总统也都曾互相出访。日本是印度尼西亚最大的救援国、投资国和贸易伙伴，在双方贸易过程中，印尼成为最大的受益方。

1951年1月，印度尼西亚与荷兰建交，两国之间的关系一直比较复杂。荷兰曾对印度尼西亚实施长达300多年的殖民统治，对其经济发展有一定的破坏。1960年，因西伊里安的归属问题发生过断交，随后荷兰同意西伊里安归属印度尼西亚，两国在1963年恢复外交。在1957—2001年期间，印尼与周边国家，如马来西亚、新加坡、菲律宾、泰国、文莱、越南、老挝、缅甸和柬埔寨都分别建立起友好的外交关系，解决了之前所存在的纷争，且与这些国家之间保持着十分密切友好的外交关系，互相团结友好，促进经济共同发展。

此外，印度尼西亚也与多个国家建立良好的外交关系，稳定健康的外交关系有助于印度尼西亚在国际及在区域中的发展，同时也能在各个组织中有一定的话语权和影响力，为维护国家利益起到一定的积极作用。

第3章 文 莱

文莱达鲁萨兰国，简称文莱，古称浡泥。文莱位于加里曼丹岛西北部，北濒南中国海，东南西三面与马来西亚的沙捞越州接壤，并被沙捞越州的林梦①分隔为东西两部分。文莱全国面积5765平方公里，海岸线长约162公里，共有33个岛屿，全国

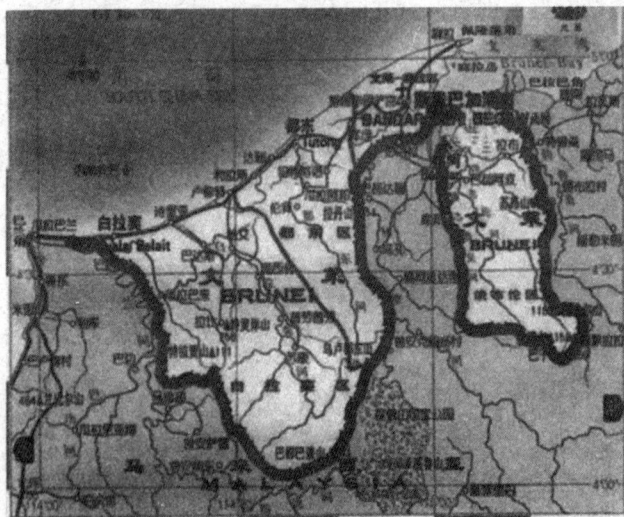

---

① 林梦：林梦地区属于马来西亚沙捞越州北部的市镇，其东、西部皆为文莱。

划分为 4 个区：文莱—摩拉区（Brunei‐Muara）、马来奕区（Belait）、都东区（Tutong）、淡布隆区（Temburong），其首都为斯里巴加湾市（Bandar Seri Begawan），位于文莱—摩拉区，面积 100.36 平方公里。文莱人口约 45.95 万（2019 年），其中马来人占 65.8%，华人占 10.2%，其他种族占 24%。

文莱经济结构较为单一，主要以石油天然气产业为支柱，制造业、建筑业、金融业及农、林、渔业等非油气产业均不发达，但整体经济状况较好，是东南亚地区经济发展较好的国家之一。近几年，文莱经济增长逐渐呈上升状态。2017 年，文莱国内生产总值（GDP）为 183.8 亿文币（约合 141.3 亿美元），同比增长 1.3%。2019 年文莱国内生产总值（GDP）为 184.4 亿文币（约合 136 亿美元），同比增长 3.9%。2020 年前三季度，文莱国内生产总值 142.4 亿文币（约合 106 亿美元），同比增长 1.9%。[①]

第 1 节　古代时期文莱的经济特征

文莱虽然是东南亚小国，却有着非常悠久的历史。在沙捞越[②]尼亚洞群的考古发掘中，人们发现了 3500 多年前的人类头颅骨。据考证，马来移民发生在公元前。这些都证明了文莱王

---

① 数据来源：中国外交部，文莱国家概况（2021 年 2 月更新）。
② 沙劳越：此地原属文莱的领土，现属马来西亚。

室及其臣民有着源远流长的历史背景。

最开始的时候，文莱经历过非常长的原始社会时期。当时人民以采集和狩猎为主，一切的生产资料都属于集体所有，人与人之间的关系相对平等，没有高低之分。时至今日，在婆罗洲最大的原住民达雅克人中，依旧体现着较多原始社会制度的印记。达雅克人共同居住在长屋中，一起劳作，平均分配劳动，并且居民的屋长由全体长屋居民选举产生，其职责仅为全屋居民服务，无其他特殊权利。

在社会生产力的不断发展下，阶级随之出现。为了维护自身的利益，富有阶级逐步建立起作为阶级统治工具的国家。加里曼丹①最早出现的国家可以追溯到公元 4 世纪的摩拉跋摩王国，在中国的《梁书》上，摩拉跋摩王国被称之为"婆利国"，记载中该国当时以盛产樟脑、胡椒和黄金而闻名。

4 世纪至 9 世纪，文莱经历了官洞卡、阿斯瓦跋摩、摩拉跋摩、旃达钵等多个王朝。在这个期间，文莱国土十分辽阔，经济发达，物产丰富，人民生活富足。据《梁书》中记载，当时的文莱："谷一年两熟，草木常荣，海出文螺，紫贝等海产物。"② 可见在这 400 多年期间，文莱的经济发展如日中天，户给人足，民殷国富。

在 7 世纪初，苏门达腊的东南海岸室利佛逝帝国开始兴起，国势强盛，国土扩张迅速，先后征服了周边的国家，包括爪哇、

---

① 加里曼丹：史称婆利、渤泥，世界第三大岛，该岛属于印尼、马来西亚和文莱。

② 姚思廉著：《梁书》，北京：中华书局 1973 年版。

马来半岛和婆罗洲等。随后在 9 世纪 30 年代，文莱也开始归顺于室利佛逝。此后的 150 余年里，因为利佛逝帝国将文莱的商品都集中在其首都巨港，导致经济发展不平衡，文莱的经济也因此遭到了沉重打击。

10 世纪末，室利佛逝帝国开始走向衰落，文莱再次成为一个独立的国家。据《岛夷志略》中记载，"民煮海为盐，酿秫为酒。有酋长，仍选其国能算者一人掌文簿，计其出纳、收税，无纤毫之差焉。地产将真、黄蜡、玳瑁、梅花片脑，其树如衫桧，劈裂而取之，必斋浴而后往。货用白银、赤金、色缎、牙箱、铁器之属。"① 由此可见，从 10 世纪末到 14 世纪 30 年代，在这 300 多年间，文莱疆土辽阔，人口众多，物资丰盛，重视商业发展，对外贸易十分发达。

14 世纪中叶到 15 世纪初，在此期间，文莱因战败曾向满者伯夷国②臣服，文莱国王贝塔塔尔为了摆脱被控制的局面，便在1414 年通过与满剌加国联姻的方式，让文莱再次走向独立，成为一个主权独立的伊斯兰国家。在国王贝塔塔尔的领导下，当时的文莱与周边的国家和地区之间的贸易十分频繁，一度成为南中国海上的贸易中心之一。当时文莱的经济构成主要是以海外贸易为主，农业发展为辅，其主要的贸易对象国包括中国、印度尼西亚群岛各国、马来半岛各国、印度和阿拉伯国家等。③

---

① 王大渊著：《岛夷志略》，呼和浩特：远方出版社，2005 年 1 月。
② 满者伯夷国：13 世纪末建立于爪哇东部的封建王朝，东南亚历史上最强大的王国之一，也是爪哇岛上最后一个印度教王国。
③ 魏达志著：《东盟十国经济发展史》，深圳：海天出版社，2010年 4 月。

15 世纪末到 17 世纪初，在这 100 余年期间，文莱迎来了历史上最鼎盛的时期。第五世苏丹博尔基亚组建了一支强大的舰队，为文莱四处开疆扩土，这也让曾经只有臣服于别国的文莱有了附属国，甚至菲律宾首府马尼拉一带的塞鲁隆国曾向文莱俯首称臣，并进贡黄金。文莱的国力强盛，经济也出现了空前的繁荣。

当时文莱之所以经济高度发达，一是因为文莱是中国与东南亚各国商品的主要集散地和中转港口之一，中国是东南亚商品的主要消费国，而中国也拥有较多享誉东南亚的商品，两地贸易十分频繁；二是因为满剌加国衰亡后，文莱成为了伊斯兰教在东南亚的主要活动中心，文莱也因此成为阿拉伯世界与东南亚地区海上贸易的货物集散中心。此后的第六到第九世苏丹对巩固国防十分重视，到第九世苏丹时，国势到达了顶峰。

17 世纪初到 19 世纪，文莱的国力和经济都逐渐走向衰败。在此期间，文莱由盛转弱，其原因主要有 4 点：首先是文莱王室荒淫腐败，内部权力争夺激烈，爆发王位继承战争；其次是文莱民族内部矛盾加剧，苏禄和沙捞越等附属国不满文莱的残暴统治，纷纷起义；再者是西方殖民势力开始大规模入侵文莱，殖民者利用各种矛盾，制造分裂，极大地削弱了文莱的国力；最后是经济结构发生了变化，文莱不再是东南亚地区的重要国际贸易场所。在内忧外患的情况下，文莱经济衰败也是情理之中的事情。

总的来看，文莱古代经济结构主要以海外贸易为主，贸易对象主要是中国、印度尼西亚群岛诸国、马来半岛诸国、印度及阿拉伯国家，主要出口黄金、樟脑、胡椒，进口蜡、蜂蜜、稻米等。文莱的农业和手工业并不发达，其纺织品、金属制品、陶瓷、兵器等，都有着中国、印度尼西亚群岛、印度文明的烙印。

第 2 节　古代与中国的经济交流

2.1　政府间的朝贡交往

作为中国的南邻，文莱自古以来就和中国有着友好的交流往来。在中国不少古籍中都记载着婆利、渤泥和婆罗等，都是古代时期对文莱的称谓。至今为止，发现的中国古代史籍中关于文莱遣使进贡的最早记载，可追溯到南北朝时期，据《宋书》卷97中记载："元徽元年（473 年）三月，婆黎国遣使贡献。"①《梁书》卷54也记载："婆利国，在广州东南海中州上。去广州二月日行。天监十六年（517 年），遣使奉表曰：伏惟皇帝②是我真佛，臣是婆利国主，今敬稽首礼圣王足下，惟愿大王知我此心。此心久矣，非适今也。山海阻远，无缘自达，今固遣使献金席等，表此丹诚。"由此可见，文莱对中国是十分尊重和表示诚服的，经常派遣使者来访中国，保持两国友好往来。

普通三年（522 年），婆利国王频伽派遣使者珠贝智出使中

---

① 元徽：是南朝宋后废帝刘昱的年号，婆利国即文莱。
② 伏惟皇帝：梁武帝萧衍。

国，并带来贡品白鹦鹉、青虫、兜鍪、琉璃器、古贝、螺杯、药、杂香等数十种当地所产特色产品。同时，中国和文莱民间商人也开始展开商贸往来，各种特色产品在两国之间流通。

在隋唐时期，文莱被称之为婆利国。隋朝大业十二年（616年），婆利国遣使来华朝贡，而隋炀帝杨广派往赤土的常骏，也曾渡海前往过婆利国。唐朝贞观四年（630年），婆利国遣使随林邑使者来献方物。至此以后，两国通使、通商交往纷来沓至。其中，文莱主要输送的商品有优质的龙脑和樟脑等名贵药材，而中国主要输出的商品包括陶瓷、金属、丝绸及珠宝饰品等。到唐朝末年，中国史书把"婆利国"改称为人们熟知的"渤泥"。唐代灭亡后，中国进入动乱年代，海外贸易开始中断，中国与文莱也因此中断交往一个半世纪，直至宋代末期才得以恢复交往。

到了宋朝，中国与文莱的交流更为频繁，尤其是在海上贸易方面，两国的海路贸易十分活跃。据《宋史》记载，北宋太平兴国二年（977年），渤泥国王向打派遣正使施弩、副使蒲亚里、判官哥心等来向宋太宗赍送表文并贡献象牙、龙脑、檀香、玳瑁等产物。宋太宗将渤泥国使者安顿到礼宾院下榻，并优加赏赐，以示对外使的欢迎。文莱主动向中国进献贡品，不仅仅是想表达与中国恢复往来贸易的愿望，同时也想凭借中国的威望能让文莱摆脱占城的困扰。中国采取友好和睦的外交政策并积极发展对外贸易，对文莱派遣来的使者同样也赐遣。

元朝时，相比于宋朝，越来越多的中国商人远渡重洋前往渤泥经商，亦有部分商人在文莱居住。有古籍记载："尤敬爱唐人，醉也则扶之以归歇处。"这充分体现了当时中国与文莱的友好且密切的经贸交往关系。

明代初期，中国进一步加强与南洋各国的交流，因此中国与渤泥的往来相比于此前更加频繁。据《明史·外国列传》记载："洪武三年（1370年）命御史张敬之、福建行省都事沈秩往使。自泉州航海，阅半年抵阇婆，又逾者至其国。"随后渤泥国王即遣使达中国，及进贡土产物如鹤顶、孔雀、米龙脑、生玳瑁、西洋布等。

明朝永乐年间（1403—1421年），中国和渤泥之间的往来空前繁盛，双方的关系更加紧密。永乐三年（1405年），渤泥国王麻那惹加那遣使入贡。明成祖随即遣官封麻那惹加那为渤泥国王，并赐给印诰、锦绮、堪合、敕符、彩币等赐品。永乐六年（1407年），中国著名航海家郑和在第二次下西洋时，率领船队访问渤泥国。永乐六年（1408年）八月，渤泥国王麻那惹加那率领其妻子、弟妹、子和陪臣来到明朝当时的都城南京，受到明成祖隆重接待。随后，渤泥国先后多次进贡中国，后来贡使慢慢减少，但往来商人仍络绎不绝。

在明朝嘉靖年间（1522—1566年），渤泥国成功摆脱了麻喏巴歇王国的控制，拓展疆域至今沙巴、沙捞越以及加里曼丹岛西北部的三发和坤甸，且把今菲律宾的苏禄群岛也纳入自己的版图中。在国力强盛之后，渤泥国王再次派遣使臣前往中国进贡。

近代，因为西方资本主义列强入侵，与其他东南亚国家一样，文莱逐渐走向衰落。1872年，英国殖民者在北加里曼丹建立殖民地公司及划分殖民地。1888年，文莱沦为英国"保护国"。经过殖民主义列强的多次分割，曾经幅员辽阔的渤尼国土面积大大缩水成为如今的文莱国。在此期间，文莱与中国往来稀少，两国商人的往来也是星星点点。

在古代，对于文莱而言，当时的中国是超级大国，双方实力悬殊，完全没有一战之力，因此当时文莱和中国双方官方的往来，大多数情况下都是文莱向中国进行朝贡。而中国并没有依仗自己强大压榨文莱，反而是赏赐许多珍宝和物质，这也造就了双方长期以来的友好交往。

2.2 民间的经贸交往及移民的发生

相比于中国和文莱政府之间的往来，两国人民之间的往来要更为密切一些。中国古代的陶瓷、铁铜器和纺织品等产品享誉世界，而文莱的贝壳和龙脑同样闻名于世。因此，中国的东南沿海商人会带着陶瓷、铁铜器和纺织品等商品前往文莱，换取贝壳和龙脑，再带回国内进行销售。位于现沙捞越的山都望，就曾出土了中国唐宋时代各大名窑生产的陶瓷器皿。而在中国古代西南地区广泛流通的贝币，很大一部分是从文莱输入的。这都印证了在很早的时候，中、文两国的人民就开始有往来。

唐朝时期，中国国力强盛，经济发达，使得中国与外界的往来变得越来越频繁，再加上造船技术与航海技术的完善，中国东南沿海的人民开始向文莱移民和定居了，并且渐渐与文莱当地人民进行联姻，繁衍后代。贸易量的不断增加，中国人开始向移民文莱，主要是为了方便从事龙脑和贝壳的贸易。后来，文莱发现了铁矿，更多中国人移民到文莱则是为了从事开采铁矿和建立冶铁基地。

宋末元初时期，大批中国人前往文莱定居，其大多数为躲避战乱的沿海地区人民，及部分不愿意投降元朝的宋朝水师。现文莱的杜逊人是为那批宋朝水师与当地人联姻而繁衍的后代，他们当中多数姓林，疑与中国福建沿海一带同宗。元朝年间，元世祖忽必烈曾派史弼等将率2万余人攻打爪哇，途径加里曼丹时，曾有大批中国人留居此地。

明朝永乐年间，郑和下西洋时，部分随行的福建人留在文莱定居。中、文两国所产方物均受对方民众所喜爱，仅依靠朝贡贸易的小规模商品交换根本无法满足实际贸易所需。中国民间商人受到明代"海禁"政策①的影响，不断寻找可以下海经商的途径，大批中国商人经由海运之便涌入文莱，亦开始定居文莱。中国商人在文莱展开贸易的方式主要有3种，其一是直接与当地商民进行贸易，其二是与欧洲殖民者进行贸易，其三是与他国商人进行间接贸易。

18世纪，文莱为了发展胡椒种植业和橡胶业，曾向中国招募大批工人。作为农业大国，中国有着非常丰富和高超的技术，这也让文莱的胡椒种植业和橡胶业有了快速发展。据统计，在文莱的华人数量达2万多人，占当时文莱人口总数的四分之一。中国人前往文莱之后，不仅从事种植业和制造业，而且大力发展商业，这些华人为文莱的经济发展和推动城市建设做出了巨大的贡献。文莱人称"华人是文莱城的建造者"，这是对这些华人辛勤劳动的肯定及赞美。

---

① 海禁政策：明朝历代皇帝都采取较为严厉的海禁政策，不许民间百姓私自下海经商。

19 世纪后期，因为英国殖民者的入侵，文莱的国土被严重分割。在当地生活的华人也受到了严重的影响，华人在文莱数量骤减，仅剩余约 300 人。这些华人以经商、种植橡胶和胡椒以及手工业为生。值得一提的是，当时华人以种植胡椒而闻名，其种植面积占文莱全国胡椒总面积的 80%。

1913 年，英荷壳牌石油公司在文莱马来奕发现大量石油，因为石油的勘探和开采需要大量的人力物力，同时文莱的经济快速发展，大量的华人又开始前往文莱工作和居住。当时的中国饱受战乱困扰，英国保护下的文莱相对而言要安定许多，这也正是当时有中国人选择前往文莱的原因。

第 3 节　近代殖民经济的特点

3.1　英国统治时期

西方资本主义列强的不断侵占和瓜分促使了文莱国力的日渐衰败，在西班牙、葡萄牙、荷兰后，英国的入侵让文莱彻底失去国家独立主权。

婆罗洲西北部边界的沙捞越紧挨着文莱国土的西部边界，由文莱派总督、官兵去统治和驻守。19 世纪初，沙捞越发现锑矿，文莱派遣驻守沙捞越的总督对当地民众进行打压剥削，并对锑矿的生产和当地人的贸易进行垄断，导致当地经济生活民不聊生。1843 年，在英国军舰的威逼下，文莱与英国殖民者达成协议，要求文莱开放贸易，禁止与英国外的其他大国联盟，确保镇压海盗活动，最主要的是割让沙捞越并对其拥有永久统治权。

1846年，在英国军舰的暴力威逼下，文莱与英国签订一项条约，将纳闽岛及其附近岛屿和地区割让给英国。1847年，英国再次威迫文莱签订一项不平等条约《英国—文莱友好通商条约》，英国因此掌握了婆罗洲西北部的经贸权，这也标志着文莱由此沦为半殖民地国家。1888年，英国和文莱签订《保护协定》，文莱自此成为英国的"保护国"，根据协议，文莱被迫承认沙捞越和沙巴分离。

在英国接管之前，文莱的经济收入主要来源于两个方面：一方面是沙捞越布鲁克王朝和英国北婆罗洲公司兼并文莱领土后所交纳的割让赔偿费；另一方面是承租官田和专营贸易的华人所支付的款项。英国驻扎官上任后，对文莱进行了体制上的改革，其内容主要有3点：第一，对文莱的所有资产开始清查；第二，建立文莱的海关制度；第三，对税收制度进行改革。在这几个改革中，第二条建立海关制度的进出口关税为英国殖民政府带来巨额的收入。

1909年，英国殖民政府颁布一项土地法令，凡无主收归国有，苏丹和大臣们可领取年金作为对土地所有权丧失的补偿，但仅驻扎官有权处置无主的土地。此后，英国殖民地政府为了引进外资，先后允许一些欧洲大公司到文莱开拓土地、勘探石油和建立种植园等商业活动。上述措施收效显著，大大增加了殖民政府的财政收益。

石油的发现和开采，给文莱的发展带来巨大的变化，也让石油业成为殖民政府的经济支柱之一。19 世纪初，英国殖民政府开始对石油进行开采，但由于资金和技术问题无法实现，随后，1911 年便把石油的开采权租给荷兰皇家壳牌石油公司旗下的英属马来亚石油公司。1914—1929 年，马来亚石油公司先后在白拉奕的拉比和诗里亚开采出大量石油，并发现诗里亚的石油储量相当可观。[①] 1930 年，文莱生产原油 17 万吨，其后逐年增加，到 1940 年，年产量高达 87 万吨，此外还出产天然气 1 亿立方米。[②]

在石油工业的促进下，文莱的交通、电信事业和农业也获得了快速的发展。马来亚石油公司为运输方便，出资修建和维护都东到白拉奕的沿海公路。海运上，除退潮外，文莱港可停泊吃水 3.6 米以下的船只。文莱市内已开设电话，在 1930 年共有 5 个电信局。农业方面，文莱的主要作物包括橡胶、西谷米和稻米。其橡胶树种植面积在 1930 年已经发展到 360 万平方米，西谷米的产量快速增长，主要出口到新加坡等地，稻米则多为本地食用。

3.2 日本统治时期

"二战"爆发期间，日本称霸东亚地区，从 1941 年冬季至 1942 年夏季，先后侵占了多个国家。日本在 1941 年 12 月占领

---

① 潘正秀著：《文莱史纲》，北京/西安：世界图书出版公司，2019 年 2 月。

② 魏达志著：《东盟十国经济发展史》，深圳：海天出版社，2010 年 4 月。

文莱，直到 1945 年 6 月结束。在这 3 年半期间，日本开始疯狂掠夺文莱的各种资源，各行各业都遭到毁灭性的打击。文莱的经济命脉——石油开采遭受捣毁式的破坏，几乎陷于停顿状态。同时，文莱各行各业受到严重破坏，交通瘫痪，海上贸易中断，文莱的粮食主要以进口为主，交通的中断将粮食的来源也同时被切断。此外，日军强制征粮，造成粮食极度短缺，民穷财尽。

1944 年，战局开始转变，盟军在太平洋地区发起反攻。1945 年，英国空军开始对文莱进行不断地空袭，导致文莱部分地区遭受到严重的创伤。1946 年 6 月，驻扎在文莱各地的日军先后被捕，退守内地的日军也被英军打败。虽说英军帮助文莱赶走了日军，但是文莱遭受了非常严重的破坏。更重要的是，日本侵略者离开后，文莱人民并没有成为这片土地真正的主人。

3.3 英国统治时期

1946 年 6 月，英国击退日军后，英国在文莱设立英国军事管理局，为民众提供救济帮助及开始对文莱进行军事管制。1946 年 7 月 6 日，英国再次夺回对文莱的控制权。

英国再次统治文莱后，展开了对各行各业的经济恢复工作，尤其是重中之重的石油产业立即重新投入生产。1947 年，文莱的石油年产量就回到战前水平，后逐年快速增长。1956 年，文莱的石油年产量更是突破了年产 500 万吨大关。英国恢复了对文莱、沙捞越、沙巴的殖民统治后，随后正式宣告沙捞越和沙巴成为英国的直属殖民地，但文莱依旧维持"保护国"的身份。

文莱在被英国殖民期间，虽然主权无法实现自主，但是整体来看英国的各种政策和条例对文莱也有一定的积极影响。首先，在经济上获得了推动发展，同时也发现了珍贵的石油和天然气资源。其次，得益于石油和天然气资源的丰厚利润，国家的整体基础设施得到了建设和完善。最后，反思单一的经济模式，农业有所改善，获得了一定程度上的促进发展。

　　总的来说，无论是英国统治时期，还是日本统治时期，文莱都受到了殖民者严重的剥削，文莱大量的资源被殖民者掠夺。不过，相比于日本殖民者的残暴和一味索取，英国殖民者对文莱经济的发展还是有所贡献的。英国殖民者所建立的石油公司、所修建的公路和港口等，都为文莱今后的经济发展打下了基础。

第 4 节　二战后经济多元化发展

　　20 世纪 50—80 年代文莱独立前，文莱苏丹政府开始规划以经济发展为核心的国家发展计划。1953—1984 年，文莱一共实施了 4 个国民经济发展计划。在这 20 年间，文莱修建了新的输油管道和天然气管道，扩充了全境公路网，扩建了首都国际机场，新建了一个现代化港口、新王宫、政府办公大楼等市政工程，以及新建了一系列基础设施和社会福利设施。文莱的整体面貌有了焕然一新的变化。

　　1984 年，文莱摆脱英国的统治完全独立。文莱政府意识到，石油和天然气属于不可再生资源，以及国际市场中石油价格波动较大导致收益相对不稳定，因此，国家需要减少对石油和天然气的依赖，促进经济的多元化发展。对此，文莱政府计划从4个方面入手，分别是：重点发展农、林、牧和渔业，提高食品的自给率；利用本国的高级硅砂，发展微型集成电路芯片制造业和光学工业；鼓励投资者到本国投资电子工业、食品加工业、纺织业、水泥业和化工业等；继续大力发展橡胶生产和加工工业。

1986—1990年，文莱制定并实施了第五个国民经济发展计划，主要内容有5个方面，包括积极鼓励外资进入，发展新的出口导向和进口替代工业；最大限度、有效地利用国内资源；保持充分就业和提高生产发展水平；鼓励和培养马来族公民成为工商业领导人；继续促进非石油部门的发展，努力实现经济多元化。但最终并没有实现较大规模现代化生产的改变，经济多元化进展甚微。

1991—1995年，第五个国民经济发展计划开始实施。政府推动经济多元化领域主要有：石油、天然气的下游产业及能源工业；农、林、渔业，提高食品的自给率，减少进口；鼓励国内外商人在本国经商、投资，促进中小型私人企业、商业部门的发展；推行私有化，将公共服务部门私有化，提高服务质量和办事效率。

文莱的经济多元化在多个五年计划的不断推进下，取得了令人满意的成绩。非油气部门在国民经济中所占的比重增大，制造业也有所发展。此外，文莱经济年均增长率为1.4%，经济明显回暖，1996年的增长率为3.5%。① 与此同时，银行、交

---

① 魏达志著：《东盟十国经济发展史》，深圳：海天出版社，2010年4月。

通、通信、批发、保险、餐饮、旅馆、零售等服务行业也有较大的发展，医疗卫生、环境保护、社会福利等方面也有所改善，人民的生活呈不断上升趋势。

第5节　独立与外交

在第二次世界大战后，饱受日本侵略者摧残的文莱曾又一次沦为英国的保护国。1948—1959年9月期间，直至文莱第一部宪法颁布，均由英国任命的沙捞越总督作为文莱的高级专员。1971年11月，英国和文莱签订新的条约，文莱获得了完全的内部独立，英国仅保留其对文莱的国防和外交事务权利。1984年1月1日，文莱终于获得了完全的独立，成为了一个独立自主的国家。英国对文莱长达96年的殖民统治正式宣布彻底结束，文莱从此彻底独立。

在完全独立后，文莱确立了以"马来伊斯兰君主制"（MIB）①作为其建国的基本原则。表达了文莱是一个紧密团结在伊斯兰教和苏丹周围，并以苏丹作为国家最高统领的马来国家。主张维护和保留传统的马来民俗文化，以马来族优先的特权在政治、经济和社会生活中皆有体现，但文莱整体社会福利高，各族人民和睦相处，国家稳定前进发展。

经济领域中为了保护马来人的经济地位，政府优先保障马

---

① MIB：是马来文"Melayu Islam Beraja"的缩写，是世界上独一无二的政治制度。

来人在各个重要垄断行业中的地位，如国家经济命脉的石油业就明确规定，石油的开采、加工及加油站等行业，必须由马来人经营要职。鼓励马来人在工商业中能成为核心力量，积极参与到各产业的管理和技术工作中。政府还规定，外商投资项目中必须有本地资本参与投资和管理，但要首先雇佣和提升马来人。这些规定都能体现出马来人在文莱处于庇护地位，甚至为文莱经济做出贡献最多的华人也无法比拟。

文莱在独立后从本国国情出发，积极发展各种有利的外交关系，主动参与各种国际组织和地区性组织，并利用本国的资源优势广泛与世界各国增加经济交往，通过举办区域性或国际性会议来提高本国的影响力，引起国际社会的关注，进而维系本国的权益。文莱尤其重视联合国的强大作用，在独立后不久便加入了联合国，其目的是将文莱自身的经济、政治和安全依附于联合国与其他附属组织中，让自身在国际社会中能有立足之地，增加与各国的经贸合作，也免受强国的干扰，从而实现国家利益最大化。

文莱地处东南亚，而东盟是东南亚地区最安全与可靠的组织之一。文莱想要在东南亚获得平稳的发展无法离开东盟的依托。加入东盟后，其主动增强和改善与马来西亚、新加坡、印尼的关系，同时也巩固和发展了与泰国、菲律宾和越南的外交关系。为了加强东盟内部各国之间的紧密经济关系，文莱积极举办国际会议，主张先团结东盟内部合作再开展国际合作。同时，文莱积极参与到东盟的各种活动和会议中，不断加强自身在东盟内部的地位和影响力，也使文莱可以在东盟的安稳的外部环境下长治久安。此外，文莱还加入了不少地区性组织，其主要目的都是想通过积极的外交政策让本国可以在国际和地区性组织中有一席之地，从而维护本国的国家利益不受侵犯和促进经济的平稳发展。

文莱自身拥有丰富的自然资源和特殊的区位优势，其利用这两点优点与世界各国发展经济关系。文莱与周边各国之间的贸易合作关系紧密，文莱与新加坡之间，一方输送石油天然气，另一方提供高新技术支持，两国之间合作无间。文莱与英国之间关系十分密切，文莱的外资中占比最高的就是英国资本，主要投资在石油和天然气等方面。此外，文莱与较多国家也是因石油和天然气的贸易关系成为关系稳定和长期合作伙伴，如美国、日本和韩国等。

总的来说，文莱善于利用自身资源优势，把资源优势转化为有力的外交优势，从而达到有效的外交关系。首先，稳固其在国际中的国家地位，在国际组织中获得保护，从而去发展外交关系交往。其次，在所在区域中巩固自身地位优势，增强国家之间利益的共性获得稳定发展。最后，利用本国的自然资源出口贸易与一些大国达成经贸合作关系，做到合作共赢的局面。

第4章　新加坡

　　新加坡位于马来半岛南端、马六甲海峡出入口，北隔柔佛海峡与马来西亚相邻，南隔新加坡海峡与印度尼西亚相望，是两大洋和亚、澳、欧、非四大洲海上交通枢纽，地理位置十分重要，因此素有"东方直布罗陀海峡"和"远东十字路口"之称。国土面积仅有724.4平方公里（2020年），由新加坡岛及附近63个小岛组成，其中新加坡岛占全国面积的88.5%。地势低

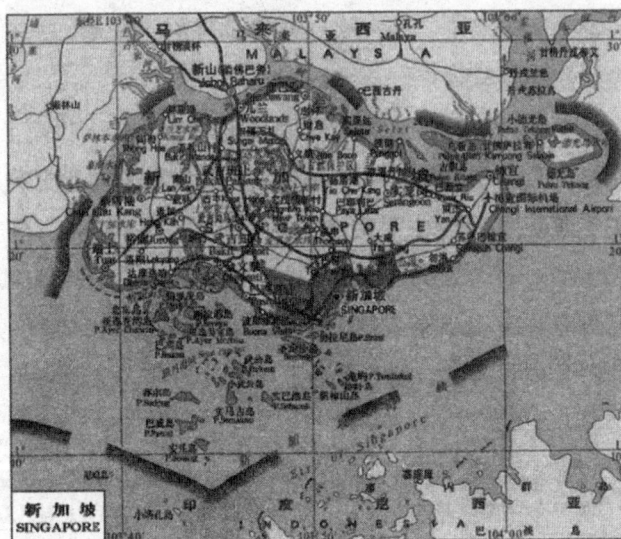

平，平均海拔 15 米，最高海拔 163 米，海岸线长 193 公里。新加坡属热带海洋性气候，常年高温潮湿多雨，自然资源较匮乏。全国总人口 570 万人（2019 年 6 月），其中华人是第一大民族，人口约占 74%，其余为马来人、印度人和其他种族。英语、华语、马来语、泰米尔语为官方语言，其中英语为行政用语。①

第 1 节 古代新加坡的经济特征

最早居住在新加坡的人种，是原始马来人的后裔，称为奥郎·罗越。奥郎意为人，罗越意为海，所以也叫做海人。海人从马来半岛迁徙到此后，过着捕鱼或种植的传统生活，早期的新加坡，基本上是个渔村。② 新加坡因其优越的地理位置，历史上曾长期作为贸易港，为往来商船提供停泊、修理、避风、补给以及货物交换等服务。

公元 3 世纪东吴将领康泰所著《吴时外国传·扶南土俗》一书中出现了一个"蒲罗中"国家，经新加坡东南亚史学家许云樵先生考证，"蒲罗中"应该就是新加坡，这个名称对应马来语"Pulau Ujong"，意为"半岛末端的岛屿"。8 世纪新加坡成为印度尼西亚的室利佛逝王国（Srivijaya，我国史料一般称其为"三佛齐"）的附属地。室利佛逝王国统治时期，古新加坡初具

---

① 新加坡国家概况，中华人民共和国外交部网站，2021 年 3 月。
② 厦门大学南洋研究所编：《新加坡简史》，商务印书馆 1978 年版，第 5 页。

港口形态，并成为了一个自治的小型贸易中心，也是海上丝绸之路必经的停靠点和贸易站之一。古籍中记载："三佛齐间于真腊、阇婆之间，管州千有五，在泉之正南，冬月顺风月余方至凌牙门，经裔三分之一始入其国。"[①] 文中的凌牙门就是新加坡，可见当时新加坡已经成为一个重要的贸易商埠。英国学者皮尔逊在其著作《新加坡史》里提到，"公元 10 世纪时中国民船满载着丝绸和香料开始向西航行，他们在马来村边的港口停泊以补充给养。就在那里，他们与阿拉伯和印度的商人相遇了"[②]，但由于航程遥远和季候风的关系，中国和印度、阿拉伯船只到达的时间总会错开。"他们觉得要克服这个困难，最好的办法是让一些商人在马来乡村里居住下来。这样，无论中国船何时进港，印度和阿拉伯商人都可以购买货物，以便在他们本国的商船到达之前，把货物准备好。中国人也可以为他们的船只做同样的准备。"[③]可见，这时的新加坡已经成为了来往商人的聚居地和货物交换地。我国相关史料中也记载了一些古代新加坡的经济贸易状况，《诸蕃志》提到，"土产黄蜡、降真香、速香、乌横木、脑子、象牙、犀角。番商用绢伞、雨伞、荷池、缴绢、酒、米、盐、糖、瓷器、盆体、粗重等物，及用金银为盘盂博易。"[④] 公元 1275 年，室利佛逝王国遭遇东爪哇信河沙里（

---

① 余定邦，黄重言等：《中国古籍中有关新加坡马来西亚资料汇编》，第 29 页。

② 哈·弗·皮尔逊：《新加坡史》，第 8 页。

③ 哈·弗·皮尔逊：《新加坡史》，第 8—9 页。

④ 余定邦，黄重言等：《中国古籍中有关新加坡马来西亚资料汇编》，第 30 页。

Singhasari）洗劫，从此失去对马六甲海峡的控制。① 马来半岛的
酋长和当地居民开始各自为政，海盗活动日益猖獗。

根据《马来纪年》的记载，室利佛逝王国的一位王子桑尼
拉乌他玛（Sang Nila Utama）于1299年来到淡马锡，建立了新
加坡拉王国（Singapura），也被称作"信诃补罗"或"狮城王
朝"。淡马锡（Tamasak）就是新加坡的古称。② 元代民间航海
家汪大渊所著的《岛夷志略》、1365年的《爪哇史颂》（Nagara-
kretagama）③、绘于1430年（明代宣德五年）的《郑和航海图》
都出现了"淡马锡"的记载。

我国相关史籍记载了当时信诃补罗王朝的风土人情及经济
状况。《岛夷志略·龙牙门》提到："门以单马锡番两山，相交
若龙牙状，中有水道以间之。田瘠稻少。天气候热，四五月多
淫雨。俗好劫掠。昔酋长掘地而得玉冠。岁之始，以见月为正
初，酋长戴冠披服受贺，今亦递相传授。男女兼中国人居之。
多椎髻，穿短布衫，系青布捎。地产粗降真、斗锡。贸易之货，
用赤金、青缎、花布、处瓮器、铁鼎之类。盖以山无美材，贡
无异货。以通泉州之货易，皆是剽窃之物也。"④ 又据《岛夷志

---

① Kwa Chong Guan, Derek Heng, Tan Tai Youg, Singapore: a 700 -
Year History, from Emporium to World City, Singapore: Notivnd Achines of
Singapore, 2009, p. 3.

② 许云樵译注：《马来纪年》（增订本），新加坡青年书局2004年
版，第86－88页。

③ 普腊班扎：《爪哇史颂》，徐明月，刘志强编译，商务印书馆
2016年版，第50页。

④ 汪大渊，苏继庼校释：《岛类志略校释》，第213－214页。

略·班卒条》记载："煮海为盐，酿米为酒，名明家西。有酋长。地产上等鹤顶、中等降真、木绵花。贸易之货，用丝布、铁条、土印布、赤金、瓷器、铁鼎之属。"① 信诃补罗土壤贫瘠，粮食产出较低，但本土盛产降真（一种香木）和鹤顶（犀鸟壳），并且品质上乘，受到来往商人的极其喜爱。

信诃补罗港口贸易极其繁盛，商贾云集。在皮尔逊的《新加坡史》里有这样的一段描述："船只便云集海港，而新加坡的商人也就发财致富起来。他们从中国买来丝绸，从香料群岛买来香料，从西里伯斯买来燕窝，从马来亚买来金砂，还从苏门答腊买来锡砂。他们建造了良好的栈房贮存这些商品；栈房越过平原，一直伸展到国王居住的小山。"可见这时期的新加坡已然成为当时太平洋及印度洋附近地区各国货物贸易的集散地和区域贸易中心。

信诃补罗王位传至五世时，满者伯夷王国入侵信诃补罗并实行了大屠杀，城内血流成河②，新加坡从一个繁华的国际贸易商埠变成了一个残破贫困的乡村。来自满者伯夷的属国巨港的酋长拜里米苏拉起兵反抗满者伯夷，失败后逃往淡马锡避难，却杀害了接待他的新加坡酋长，占领了新加坡。5 年后遭遇暹罗侵略，拜里米苏拉逃离新加坡，其后于 1402 年在马六甲建立了马六甲王朝（明史称"满剌加"）。③

---

① 汪大渊著，苏继庼校释：《岛夷志略校释》，第 196 页。
② 许云樵译注：《马来纪年》（增订本），新加坡青年书局 1966 年版，第 117 页。
③ 默·皮烈士：《东方志：从红海到中国》，何高济译，中国人民大学出版社 2012 年版，第 222 页。

拜里米苏拉上台后，凭借马六甲有利的地理位置和手中的强权，强迫所有通过马六甲海峡的船只必须停泊在马六甲并缴纳税款，并且派遣使者和明朝建立了朝贡关系。原本在新加坡的商人移居到马六甲，继续与明朝政府的商船交易①，马六甲逐渐成为马来亚和周围岛屿中最大的港口，而新加坡的贸易地位则一落千丈。1511 年，葡萄牙殖民者占领了马六甲，我国历史文献对此有所记载，"正德三年，遣使臣端亚智等入贡。后佛郎机强横海上，举兵侵夺其地，国王苏端妈末出奔，遣使告难。朝廷敕责佛郎机，令还其故土。又谕暹罗诸国王以救灾恤邻之义，迄无应者，满剌加竟为所灭。"② 马六甲王国苏丹出逃途中驾崩，其长子在柔佛正式建立具马六甲王室血统的柔佛王朝，并派遣天猛公（一种高级官职）继续管辖新加坡和柔佛地区。其后 100 多年，马六甲在葡萄牙人的强势经营下，越发繁荣，而新加坡则滑落到海上活动的边缘位置，并且因战乱和海盗肆虐进入了很长一段默默无闻的时期。此时新加坡的原住民在封建统治和剥削下，继续在贫困中过着他们的传统生活。从外地流离来的移住民，也在此拓荒种地，从事甘密和胡椒的生产。③

---

① 毛大庆，殷智亮著：《一口气读懂新加坡》，2011 年版，第 28 页。
② 余定邦，黄重言等：《中国古籍中有关新加坡马来西亚资料汇编》，第 173 页。
③ 厦门大学南洋研究所编写组：《新加坡简史》，1978 年版，第 11 页。

在天猛公统治期间，新加坡对外贸易的土产主要是甘密①和胡椒，以此换取日常用品，诸如丝绸、瓷器、陶器、木屐、雨伞、豆油灯、米及杂粮等②。

第 2 节　古代与中国的经济交流

《汉书·地理志》记载，有一条从广东雷州半岛的徐闻、合浦启航，经东南亚，抵达南亚的远洋贸易航线，这是由我国官方文献所记载的年代最早的海上丝绸之路。原文记载："自日南中障塞、徐闻、合浦船行可五月自黄支船行可八月，到皮宗；船行可二月，到日南、象林界云。黄支之南，有已程不国年，汉之译使自此还矣。"③ 文中所指的"皮宗"，学者一致认为是在马来半岛南端，也有学者认为皮宗就是今天的新加坡。新加坡作为东西海上丝绸之路的商港之一，与中国早就已经有海上交通和贸易往来。

《新唐书》提到，"广州东南海行，二百里至屯门山，乃帆风西行又五日行至海峡，蕃人谓之'质'，南北百里，北岸则罗

---

① 甘密：Uncaria Gambier Rorb，又称甘沥、槟榔膏，是种灌木。把甘密的叶采摘下来，放在铜锅中，熬成黄色的糊状物体，刘成寸半大的方块，晒干后出售。可用于鞣皮、染料及医禁的收敛剂。

② 邱新民著：《海上丝绸之路的新加坡》，胜友书局，1991 年 8 月，第 182 页。

③ 班固：《汉书》卷二八下《地理志》，中华书局 1962 年版，第 1671 页。

越国，南岸则佛逝国。"[1] 文中的"硖"即马六甲海峡，"佛逝国"就是室利佛逝王国（也叫"三佛齐"），当时苏门答腊岛、新加坡及马来半岛大部分皆归属于三佛齐管辖。因信奉佛教文化，三佛齐与唐朝关系非常密切，多次派遣使者到中国通好。三佛齐的商人也频繁前往广州、泉州进行贸易，用本土产的香料和贸易中转来的象牙等土产换取中国的瓷器、丝绸等物。来自中国、印度、阿拉伯和周边国家的商船在新加坡停留并进行中转贸易。在近代考古发掘中，新加坡境内发现了不少唐宋时期的古籍、钱币、铁器和瓷片，进一步印证了当时中新两国通商往来的事实。

新加坡在信诃补罗王朝时期更是成为热闹的中转贸易港，来自中国精美的丝绸、瓷器、药材、茶叶，从周边东南亚来的香料、燕窝等商品都在新加坡进行中转。新加坡境内考古出土了大量的 14、15 世纪的陶瓷器，其中将近半数都是来自中国。这些陶瓷无疑是这一时期中国与东南亚海上贸易活动繁盛的见证，而新加坡作为这些国际贸易活动的中转站在诸多史料中留下痕迹。

宋元时期，新加坡与中国往来日益便利与频繁。南宋时由于经济重心的南移，比北宋更重视海外贸易，每年市舶的收入约等于国家总收入的三十分之一至二十分之一[2]。《宋史》记载，"贾人由海道往外藩，令以物货名数并所诣之地，报所在州

---

① 《新唐书》卷四三下，第 1153 页。

② 朱志勤主编：《新加坡马来西亚华侨史》，广东高等教育出版社，2016 年 7 月，第 23 页。

召保官给以券。"① 当时宋朝允许私人对外贸易，私商与官商并举，来往东南亚和中国的船只数量猛增。南宋的赵适汝在1225年著作的《诸藩志》里，明确记载了从福建泉州港到新加坡的航程时间以及商船抵达新加坡的贸易情况。元朝同样奉行了积极的海外贸易政策，元世祖忽必烈"以江南既定，将有事于海外，升（唆都）左丞，行省泉州，招谕南夷诸国"（《元史·唆都传》），同时"官自具船给本，选人入蕃贸易诸货，其所获息，以十分为率，官取其七，所易人得其三"②。在利好的政策刺激下，大量商人前往海外从事贸易活动。《元史》记载，"（延祐七年九月甲辰）遣马扎蛮等使占城、占腊、龙牙门，索驯象。"③"（泰定二年五月）癸丑，龙牙门蛮遣使奉表贡方物。"④文中"龙牙门"就是新加坡，新加坡一直和元朝政府保持着朝贡关系。元朝航海家汪大渊在《岛夷志略》中描述了他亲眼见到的新加坡实际情况，当时新加坡市场上的中国货物良多，大量中国人定居在那里并与当地人和睦相处，足以证明那时的中新海上往来已相当发达。新加坡考古发掘的元朝的钱币和陶瓷，同样印证了当时中新经贸往来的频繁及新加坡港口贸易的繁荣。

宋元时代中新经贸交往活跃，除了受政府重视及政策激励的原因外，中国先进的造船技术和航海技术都起到了促进作用。宋代朱彧的《萍洲可谈》提到："海舶大者数百人，小者百余

---

① 《宋史》卷一百八十六《食货志下八》。
② 《元史》卷九十四《食货志二》，中华书局2000年版，第1592页。
③ 《元史》卷二七，第606页。
④ 《元史》卷二九，第656页。

人，以巨商为纲首、纲目、杂事……船舶深宽各数十丈，商人
分占贮货，人得数尺许。"指南针的发明和设备精良、载重庞大
的船只的出现，方便了大量的中国人到马来西亚、新加坡等地
进行贸易和侨居。

明朝初年，中国采取"海禁"政策，取消民间海外贸易，
建立并实施官方的朝贡贸易体系，往来东南亚和中国的船只数
量锐减，对东南亚港口贸易发展带来了一定的冲击，但沿海仍
有一些居民为生活所迫冒险到包括新加坡在内的东南亚一带贸
易。《明史》记载："（永乐三年九月）癸卯，苏门答剌国酋长
宰奴里阿必丁、满剌加国酋长拜里迷苏剌、古里国酋长沙米的
俱遣使随奉使中官尹庆朝贡，诏俱封为国王，给与印诰，并赐
彩币、袭衣。"满剌加自此成为明朝的属国，其首府马六甲逐渐
成为区域集散地，郑和下西洋更是将马六甲设为基地。在种种
不利因素下，新加坡的国际贸易港地位逐渐被马六甲取代。

清朝时期，新加坡等东南亚国家和中国继续保持经贸往来，
尤以广东、福建与马来半岛的联系最为密切。雍正七年（公元
1730年）取消海禁以后，清朝商民与马来亚、新加坡仍"通市
不绝"。据《《清朝通典》》记载："各岁冬春间，粤东商人以茶
叶、瓷器、色纸诸物往其国互市。"[①]乾隆二十九年后，因南洋各
地急需中国生丝，清政府准许商人出口土丝和二蚕湖丝去东南
亚。清朝《瀛环志略》记载："息力（一作实力，一作息辣，旧
名柔佛，英人名为新加坡，一作生加坡，又作新奇坡，又作星
隔伯儿），旧本番部，嘉庆二十三年英吉利有之。其地当南洋、

---

① 《清朝通典》卷九八，万有文库本，第2739页。

小西洋之冲，为诸番国之中市。闽广贩洋之船，南洋诸国之船亦时至。帆樯林立，东西之货毕萃，为南洋西畔第一埠头。"①清朝中期在新加坡居住的中国人就已"约二万余人"。②

第 3 节　近代殖民经济的特点

　　新加坡作为殖民地的历史开始于 1819 年。英国东印度公司的代表斯坦福·莱佛士登陆新加坡，和当时治理新加坡的天猛公阿卜杜尔·拉赫曼签订了协议，允许英国东印度公司在新加坡建立海上贸易站，而天猛公仍然掌握司法权和参与当地的贸易税收。当时新加坡岛上居民人口稀少，仅有 1000 余人，大部分靠种植果树、采集、捕鱼、充当海盗为生。签订协议后，莱佛士随即派人在新加坡建筑防御工事、市场和居民区，为了鼓励贸易，对过往商船免征关税，并派人到马来半岛招募拓殖者。在一系列优惠政策下，新加坡吸引了大量从暹罗、柬埔寨、印度、马来半岛等周边国家迁移来的民众，人口数量剧增。到了1821 年，新加坡岛上有 5000 多名居民，其中超过一半是马来人，还有部分华人、布吉人、印度人、阿拉伯人等其他族群。到了 1824 年，新加坡已有 1 万多人。1830 年到 1860 年间，因逃避战乱和谋生之需，大量华人从中国移民到南洋地区，新加

---

① 《瀛环志略》卷一，道光庚戌年刊本，第 25 页。
② 《海国图志》卷六，东南洋海岸国四，第 15 - 16 页。

坡的人口增长到了 8.1 万人，华人数量跃居第一，占到总人口的将近70％，印度人跃居第二，而马来人退居第三。到了 20 世纪初期，华人移民数量进一步上升到 10 万人，占到了新加坡总人口的四分之三，马来人、爪哇人、阿拉伯人、欧洲人等其他族群的数量都有所增加，1911 年新加坡总人口达到了将近 19 万人。在新加坡作为殖民地港口城市的发展过程中，由于其独特的地理位置和身为国际贸易港的角色，新加坡形成了多种族、多文化并存的社会形态。

新加坡殖民政府建立伊始，财政困难，遂大量利用囚犯作为廉价劳动力建设公共基础设施，并在 1820 年开始征收港口清洁费，后实行包税商制度，开办赌场创收，销售颁发经营许可证，出售鸦片和亚力酒①的垄断权（这是新加坡 19 世纪殖民政府财政收入的主要来源）。彼时新加坡仍存有奴隶制度，许多移民劳工被连骗带拐地来到新加坡，除了部分被转运到东南亚其他地区外，大多数劳工被留在新加坡，他们因为还不起船费，被强迫从事开港、筑路、修船等繁重劳动。殖民统治者财富的增长、港口的建设、转口贸易商埠的兴起，正是建筑在对广大劳动人民，特别是对大批移民劳工残酷剥削的基础上的。② 1823年，殖民政府立法禁止奴隶贸易，但社会中仍然存在大量偿债式奴役现象。

为了完全控制新加坡，1824 年东印度公司强迫柔佛苏丹和新加坡酋长签署《克劳弗德条约》，协议中注明，苏丹和酋长须

---

① arrack，一种亚洲的烈酒。
② 厦门大学南洋研究所编写组：《新加坡简史》，1978 年，第 18 页。

放弃对新加坡的统治权及司法权，作为赔偿，苏丹和酋长可获得一次性支付的转让金和终身的定期俸金。至此，新加坡完全沦为了英国的殖民地。

19世纪中叶，旧时的人力帆船被蒸汽轮船取代，商人不再受困于季风风向的限制，海上贸易活动更加活跃。1824年到1868年，新加坡的贸易额增长了4倍之多。这一段时期，新加坡进出口货物主要是英国的纺织品和金属制品、印度的鸦片、中国的丝绸和茶叶以及周边国家出产的胡椒和锡矿等，岛上储存货物的仓库就有43座之多，其中半数属于英国人。有些华人因为精通英语、华文和马来语，加上又熟悉西方的贸易流程，在商业活动中发挥了极其重要的作用。外国商人运来的商品大多数由华人中间商转销。与贸易活动相配套的商业设施和机构也如雨后春笋般出现，多家银行和商会，如印度商贸银行、渣打银行、新加坡商会等都在新加坡设立机构，进一步巩固了新加坡作为贸易中心的地位。另外，为了保障海上通道的安全，英国海军加强了在马六甲海峡附近的海盗肃清力度，海盗渐渐绝迹。这一时期，新加坡自由港实际上是为自由竞争时期英国垄断贸易市场服务的，并成为英国从高价倾销工业品和廉价收买原料中攫取高额利润的工具。[1]正如马克思所说："只要我们注重考察英国的自由贸易的性质，我们几乎可以处处看到，它的自由的基础就是垄断。"[2]

---

[1] 厦门大学南洋研究所编写组：《新加坡简史》，1978年，第20页。
[2] 《马克思恩格斯选集》第2卷，第29页。

新加坡当地的农业却不如商业贸易活动那样成功。殖民者曾尝试在新加坡当地种植肉豆蔻，但因病虫害相继死去①；还有殖民者尝试在新加坡种植甘蔗、咖啡豆、棉花、丁香等经济作物，但最后均以失败告终；只有甘密和胡椒种植得到较大的发展。1819 年的时候，新加坡有 20 多座甘密种植园，到了 19 世纪 40 年代，新加坡甘密和胡椒混合种植园达 600 多家。19 世纪 60 年代，因耕作方式落后、土壤肥力耗尽等原因，甘密产量剧减，种植园被迫陆续搬迁到土壤更广袤更肥沃的柔佛地区。

19 世纪中后期到 20 世纪初期，受欧美国家工业革命的推动，帝国主义国家对工业原材料的需求增加，东南亚作为原料产地和工业品销售市场，与西方的经贸往来空前发展，作为中转港口的新加坡，贸易额迅速扩大，这段时期是新加坡转口贸易的黄金时代。过去新加坡转运的商品多是鸦片、烟草、茶叶和香料等初级产品，到了 19 世纪中后期，新加坡除了转运橡胶、锡、石油等工业原材料，本土也出现了一些初级加工产业，如炼锡，加工橡胶、椰子油，制作菠萝罐头等。

由于马来西亚锡矿资源丰富，新加坡当地企业从马来西亚进口锡矿，在新加坡建立了超过 1000 家炼锡场，并招募了数十万来自中国和周边国家的劳工移民。1899 年，锡占新加坡出口总值的五分之一，新加坡也因此成为世界上主要的锡出口港。19 世纪末期，橡胶树开始在新加坡人工种植。得益于 20 世纪初汽车行业的兴起以及全球对橡胶轮胎的需求，新加坡和马来半

---

① J. Cameron, Our Tropical Possessions in Malayan India（London, 1865；reprinted Kuala Lumpur, 1965），P168.

岛开始大规模开辟种植橡胶。这一时期，超过一半的橡胶经新加坡转运到欧美等国。随着世界航运业大量使用燃油轮船及汽车行业向远东及澳大利亚的扩散，19世纪末，塞姆等公司纷纷在新加坡的周边小岛建立油库，新加坡石油出口迅速增长并逐渐成为远东石油供应的中心。新加坡港口货运量在20世纪初就已位列世界第七，但港口设施严重不足，于是殖民政府出资兴建了大量的码头、仓库和道路，为港口装备了先进的机械设备，此时恰逢全球对橡胶和锡的需求剧增，新加坡作为重要的国际贸易港迎来了前所未有的大繁荣，转口贸易额从1878年的8000多万元①，迅速增长到1911年的5.24亿元。② 除了海路运输，19世纪末期，新加坡和马来西亚之间还筑起了公路和铁路，来自马来西亚的原材料和商品正是通过海路、公路和铁路运到新加坡，进一步加工后出口到欧洲。

在英属殖民地时期，新加坡虽然成长为一个国际化的贸易港，但内部各项事务仍是以英国殖民者为主导。为了增加殖民政府的收入和麻痹人民的反抗意志，殖民者起初准许设立许多烟馆、赌场和妓院。每次殖民帝国向殖民地转嫁经济危机，都加重了对工人的剥削，造成工资下降、物价飞涨和失业增加，广大劳动群众的生活进一步恶化，社会贫富差距悬殊。据1896年新加坡人林文庆向当局提交的调查报告显示，新加坡人口死亡率高达44%以上，远高于同一时期的中国香港、锡兰和印度。

---

① 新加坡1976年前的货币单位是"叻元"，简称元，下同。
② 沈祖良，陈继勇：《南朝鲜、（中国）台湾、（中国）香港、新加坡经济述评》，1990年，第13页。

英属殖民统治期间，新加坡社会阶级矛盾日益尖锐化，从 19 世纪中期到 20 世纪初，新加坡发生多起群众抗争活动，参与的民众中有华人、马来人，甚至有驻新加坡的印度士兵，但无一例外都被英国殖民者残酷镇压了下去。

第 4 节　第二次世界大战前经济状况

4.1　一战期间新加坡的经济状况

新加坡作为一个贸易港口，其经济的发展和世界局势息息相关。虽然第一次世界大战（1914—1918 年）主战场在欧洲，但新加坡的经济发展同样受到了影响。据 1913 到 1920 年间新加坡报刊登载的经济数据和相关文献记载，新加坡在 1910 年到 1920 年间，货物进出口值都在增长，仅在 1914 年一战爆发当年有所下降，此后一直不断上升。[①] 一战使得欧洲列强放松了对东南亚的资本和商品输出，英国对新加坡的出口贸易在 1913 年至 1918 年间减少了一半。[②] 再加上战争对相关商品的需求剧增，东南亚本土企业迎来了制造业的春天，一些商人也抓住机会，投资相关紧俏产业，扩大生产规模。

---

① W. G. Huff 著；牛磊，李洁译：《新加坡的经济增长——20 世纪里的贸易与发展》，中国经济出版社 2001 年版，第 39 页。

② 樊亢，宋则行主编：《外国经济史》，近现代部分第二册，人民出版社 1981 年版，第 105 页。

一战期间，英国大量征用商船作为军事用途，导致远洋轮船紧张，航运价格增高，利润远高于以往，一些华人抓住商机，大量租借或购买轮船投资航运业。例如，华侨实业家林秉祥创办的和丰轮船有限公司就是在一战时期迅速发展起来的，该公司拥有航行于东南亚地区各港口的大小轮船数十艘，其中千吨以上的远洋巨轮便有 8 艘以上。另一位有名的华侨实业家陈嘉庚，当时他的菠萝厂因为欧洲限制入口造成大量库存积压，大米也因为战争的缘故货船急缺，无法外销，陈嘉庚遂创办了自己的航运公司，解决了自家面临的原料和库存商品积压问题，还承担向外运送物资的业务。在 1915 年至 1918 年间，他经营的企业获利 450 多万元，陈嘉庚也因此跻身新加坡富豪之列。

作为战略储备物资，锡和橡胶在一战期间出口量快速增长，成为新加坡两大支柱出口产业。马来半岛及周围岛屿是世界上锡矿最丰富的地区，这些地方对锡矿的开发使锡成为新加坡贸易中增长速度最快、贸易值最大的商品，占新加坡总出口的比重从 1870 年的 8.6 % 上升到 1900 年的 18.6 %。一战期间，得益于市场需求的增加，锡的出口量持续上升。橡胶是变化最显著的产业，1905 年新加坡仅有少量橡胶出口，但 1915 年时出口值基本与锡相当，1916 年橡胶的出口量更是达到锡的 2 倍。一战之前，欧洲资本经营的橡胶园长期占有优势地位，华商虽然是橡胶种植业的开拓者和奠基者，但无法与资本雄厚的外商，尤其是英国商人竞争。一战爆发，英国减少了向海外殖民地的资本输出，加上橡胶作为军用必需品，国际市场的需求迅速增加，橡胶价格也一再高涨。在各种有利的条件下，华人橡胶种植业蓬勃发展。到一战结束时，华人拥有的橡胶园种植面积是最大的。种植业的蓬勃发展也带动了橡胶加工业和销售业的兴起。许多橡胶园建立了初级产品加工厂，把采集的胶汁加工成胶块，卖给批发商行，然后再转卖给欧美商人。这一段时期，形成了一个以新加坡为中心，联结马来亚、暹罗、苏门答腊、爪哇以及周边等地区的加工和贸易网，新加坡更是成为当时世界最大的橡胶出口地。

4.2 一战后到二战前新加坡的经济状况

锡矿业方面，华侨资本经营的中小矿场多依靠人力手工挖掘，无力购置昂贵的采锡设备，而欧美资本经营的矿场，资本雄厚，多大量购置采锡设备，无论是在劳动成本或是劳动生产率方面更具优势。一战后，随着列强恢复对殖民地的资本输出，欧美商人逐渐取代华商，在锡矿业中占据支配地位。1914年欧洲资本仅占新加坡锡产量的26%，而一战结束后，1920年就占到了36%，到1929年更是达到了62%。[①]

橡胶业方面，因为美国参与欧战对橡胶实行强制配额和限价，世界橡胶市场需求大幅缩减，加上航运不便，橡胶严重滞销，价格一降再降。严峻的形势迫使橡胶经营者谋求其他出路。当地报纸曾报道："以欧美制成树胶器具，价值之昂贵如彼；而南洋所产未制成物之树胶，价值之低贱如此。此中原因，关系于无制成物之树胶工厂也。不再索而也。夫南洋群岛所产出之树胶，尽可举而纳入工厂。由工厂制成器具。既一切品物，以

---

① W. G. Huff 著；牛磊，李洁译：《新加坡的经济增长——20世纪里的贸易与发展》，中国经济出版社2001年版，第39页。

售诸南洋群岛，并推而销售于他洲他岛。而后南洋群岛之营树胶业者，自可无藉欧美之销纳，不仰各洋行之鼻息。"① 不少华侨纷纷认识到应设立橡胶加工工厂，制造橡胶成品，以自产自销的方式从根本上解决橡胶原料的销售问题，橡胶加工业在一战后大量快速发展。1920 年，随着世界经济出现衰退，橡胶价格在短短的 10 个月内下跌了将近四分之三，从每磅 1.15 元降至12 月份的 30 分。1922 年以后，虽然橡胶价格重新攀升，但荷属东印度群岛不受限制地扩张生产，导致世界市场上供过于求，橡胶价格再次下跌，1929 年时新加坡橡胶平均出口价格仅为每磅 34 分，不到 1925 年最高价位时的三分之一。30 年代，资本主义世界发生经济大萧条，到 1932 年时橡胶的价格仅不到每磅4.95 分②。

二战前的新加坡 75% 以上的收入来自非生产性部分，主要是来自转口贸易，转口的商品几乎都是农、林、矿产品，虽然发展了一些依靠本地原料的面向出口的加工业，比如菠萝罐头、橡胶加工、炼锡、椰子油加工、肥皂、火柴、制鞋等轻工业，③但工业基础落后，工业规模有限，多是手工作坊和工场，很难与进口商品竞争，经营很不稳定。整体来看，从 1900 年到二战前，新加坡的经济结构没有发生明显的变化，一方面是因为英国殖民地政府没有积极地扶植产业发展，另一方面也是受到自

① 《传单照录》，见《叻报》1916 年 2 月 14 日。

② C. M. Turnbull, A History of Singapore, p. 131, p. 138. W. G Huff, The Economic Growth of Singapore, P83.

③ 严胜雄："新加坡工业化以前的工业"，《南洋文摘》第 12 卷第 5 期（1971 年 5 月），第 306 – 307 页。

身发展转口贸易经济的拖累。要发展工业化，必须在初期为弱小的本地企业提供一定的保护，而转口贸易要求不受干扰的自由贸易，与工业化的要求相违背，导致新加坡本地企业不具备向外扩张的实力，也无法与进口产品在同等条件下竞争。经济大萧条之后，虽然新加坡社会上出现了走工业化道路的呼声，但此时各国已经普遍采取保护主义政策，发展面向出口的工业化道路缺乏实施条件。

资本主义世界第一次经济大萧条发生之前，新加坡的出口商品价格虽然有所下跌，但贸易数量仍在不断增长，所以新加坡的出口贸易值能够保持增长或不太明显的下降。但大萧条爆发后，出口商品的贸易价格和数量都大幅度下降，新加坡经济元气大伤，直到第二次世界大战爆发前夕，新加坡的贸易总值也没有能恢复到 20 年代中期的水平。一系列经济社会危机导致工人阶级罢工不断，新加坡 1938—1939 年平均每年罢工次数高达 735 次，罢工的工人来自清洁、锯木、运输和建筑等各行各业，罢工总人数多达 30 万人，但都遭遇英国殖民当局残酷镇压。

第 5 节　独立后的经济发展

新加坡于 1942 年 2 月至 1945 年 8 月被日本侵占，1945 年日本投降后，英军重返新加坡，恢复了对槟城、马六甲和新加坡海峡殖民地的统治。由于帝国主义的力量受二战的冲击遭到严重削弱，东南亚民族解放斗争进入了一个空前高涨的时期，新加坡人民要求实现独立的情绪日益高涨，数十万居民积极参与独立意见书联署并多次爆发大规模游行示威活动，迫使英国于1958年签署《关于新加坡自治谈判的报告书》。报告书规定，英国同意新加坡在英联邦范围内实现自治，成立新加坡自治邦，其外交与国防则仍由英国掌管，英国有权在新加坡驻军和建立并使用军事基地。

1959年，新加坡成立自治政府并首次举行立法议会选举，人民行动党（People's Action Party）以绝对优势胜出，李光耀（Lee Kuan Yew）当选新加坡第一任总理。

1963年，在英国的撮合下，马来亚联合邦、新加坡、沙劳越和北婆罗洲（今称沙巴州）正式合并成为马来西亚，新加坡成为马来西亚的一个州，但之后马来亚和新加坡统治集团间关系日趋恶化。1965年马来西亚与印尼断交，新加坡的贸易总额、关税和贸易利润大受影响。另外，马来西亚联邦政府为了弥补财政赤字，在新加坡加收营业税等，并要求新加坡上缴联邦政府的税收比率从原来的40%提高到60%，并对新加坡设立关税壁垒，限制新加坡产品进入马来西亚地区销售，剥夺新加坡对英出口棉织品的配额并将其完全据为己有，还利用统治地位优势，在马来西亚联邦境内推行马来化政策，打击华人正常的经济活动，造成新加坡政府财政收支连年亏空。这一系列歧视性政策导致华人人口占四分之三的新加坡感到不满，新加坡人民行动党领导人李光耀多次提出，马来西亚是多民族国家，并提出"马来西亚人的马来西亚"等口号，遭到马来民族执政党的强烈攻击。在经过反复协商谈判破裂后，新加坡于1965年8月

7 日和英国、马来西亚签署新加坡独立协议。1965 年 8 月 9 日新加坡正式脱离马来西亚联邦，成为一个独立自主的共和国。

新加坡独立伊始，对外贸易方面奉行"市场开放"政策，欢迎与所有国家进行贸易往来。20 世纪 60 年代，新加坡最主要的经贸对象是东南亚发展中国家，尤其是马来西亚。1965 年对欧美发达国家的出口额上升到 28%。20 世纪 70 年代后，新加坡对日本出口贸易额占出口总额的 15%，位列第一。

在工业建设中，新加坡着重发展制造工业并颁布经济扩展鼓励法令，用免税或减税的方法，引进外资和先进技术，改变单一的经济结构，大力发展劳动密集型工业。其中，电子电器工业是新加坡制造业发展较快、提供就业岗位最多的产业，1978 年其产值占到了制造业总产值的 15%，提供的就业岗位占制造业就业岗位总数的五分之一，是新加坡第二大支柱产业。新加坡炼油业发展也极其迅猛，依靠优越的地理位置和外资雄厚的资金和技术，新加坡大力发展炼油业，1978 年炼油业产值为 73.73 亿新元，出口值更是占到了出口总值的 40%，新加坡因此成为仅次于荷兰鹿特丹和美国休斯顿的世界第三大炼油中心。新加坡贸易总额在 10 年间增长了 5 倍之多，由独立前 1964 年的 62 亿新元迅速增长到 1974 年的 345 亿新元。

金融方面，新加坡政府允许自由汇兑，陆续推出优惠措施，欢迎外资设立金融机构，新加坡逐渐发展成东南亚金融中心。1968 年，新加坡金融业规模仅有 3100 万美元，到了 1975 年，已达到 100 多亿美元。许多大银行和跨国公司纷纷把亚太总部设在新加坡，开展业务活动，1977 年新加坡成为仅次于伦敦、纽约和香港的世界第四金融中心。

由于新加坡是外向型经济，本国经济受国际经济形势影响较大，20 世纪 70 年代资本主义国家发生经济危机时，新加坡的国民生产总值有所倒退，1975 年外贸总值比 1974 年降低了 7.2%，1975 年贸易逆差相比 1973 年增长了 73%。许多国家纷纷实行贸易保护政策，加上东南亚其他国家拥有更为低廉的劳动成本，新加坡劳动密集型工业化道路受到了极大的挑战和阻碍。因此，新加坡政府于 80 年代初期开始经济改革，大力发展资本密集和技术密集型产业，实现工业部门自动化、机械化、电脑化生产，提高出口附加值。初期吸引外资数量和本国工业出口值大幅度增加，失业率显著下降，但受制于工资增长过快，生产成本提高，过分依赖外资和第二次石油危机导致国际经济衰退的影响，80 年代中后期，新加坡的经济出现滑坡。因此，新加坡于 1985 年确定第三次经济改革方向，即在发展资本、技术密集型出口工业的同时，优先发展国际通讯服务、贸易服务、金融服务等服务业，力图将新加坡打造成亚太服务中心。通过一系列的经济改革，服务业、金融业、贸易、商业、交通运输、旅游等成为新加坡经济增长的主要动力。能创造大量就业岗位的制造业虽依旧在新加坡产业结构里拥有一席之地，但发展重心倾向于技术含量高的电子工业。1996 年，新加坡进出口总额为 21712 亿美元，出口额 21050 亿美元，在东盟 10 个国家出口贸易总额中位列第一[①]。1996 年，新加坡人均国民收入就已达到 28000 美元，居世界第 11 位。

---

① 贺圣达，马勇等：《走向 21 世纪的东南亚与中国》，云南大学出版社，1998 年 3 月，第 62 页。

　　进入 21 世纪以来，新加坡和中国的经贸往来非常密切，据商务部数据统计，2011 年，中新双边贸易额为 634.8 亿美元，中国对新出口 355.7 亿美元，自新进口 279.1 亿美元；而 2020 年，中新贸易额达到 890.9 亿美元，增长 40.34%，中国对新出口 575.4 亿美元，自新进口 315.5 亿美元。自 2015 年"一带一路"提出以来，中国成为新加坡第一大贸易伙伴、第一大出口市场和第一大进口来源国。双边投资稳步增长，新加坡已是中国第一大新增外资来源国、第二大新增对外投资目的国。

第5章 菲律宾

　　菲律宾位于太平洋西部，北隔巴士海峡与中国台湾省遥遥相对，南和西南隔苏拉威西海、巴拉巴克海峡与印度尼西亚、马来西亚相望，西濒南中国海，东临太平洋，是东亚和南亚之间的交通要道，地理位置具有重要的战略意义。菲律宾国土面积29.97万平方公里，人口约1.08亿，国民约85%信奉天主教①。全国有90种民族，马来族是最大的民族，人数占全国总人口的85%左右，主要分布在米沙鄢群岛、民都洛

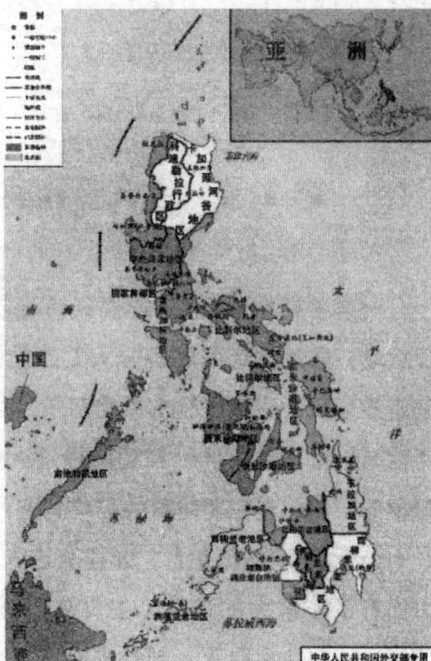

---

①　菲律宾国家概况，中华人民共和国外交部网站，2021年3月。

岛南部沿海、巴拉望岛北部、棉兰老岛东部和北部沿海。其次是他加禄人，主要分布在吕宋岛中、南部地区。伊洛克人是第三大民族，主要分布在吕宋岛西北沿海以及卡加延河谷地区。菲律宾全国由 7000 多个岛屿组成，其中吕宋岛、棉兰老岛、萨马岛等 11 个主要岛屿约占全国总面积的 96%。海岸线长约 18533 公里，分布着许多优良海港，航运十分便利。由于地处太平洋火山带，菲律宾地质构造运动十分强烈，富含铜、镍、铬等金属矿产，但燃料矿物和非金属矿较匮乏。菲律宾气候炎热，高温多雨，植物生长繁茂，是世界上重要的木材生产国和出口国之一。

第 1 节　古代菲律宾的经济特征

根据考古发掘资料，菲律宾群岛早在 40 万年前就有远古人类活动，虽然没有发现远古人类的化石，但从遗留的石器和动物遗骸可以证明确有远古人类存在。有学者认为，大概在 25000 年前有一批矮黑人从巴拉望陆桥进入菲律宾，这是菲律宾群岛最早的居民，现在菲律宾的尼革利陀人就是这批移民的后裔。

公元前 5000 年左右，菲律宾进入到新石器时代，生产工具方面有了非常大的进步，主要采用磨制石器进行耕作、打猎，使用弓箭和钻木取火，制作熟食，甚至能制作简单的陶器。新石器时代，先后有两批蒙古利亚种的印度尼西亚人，乘船渡海来到菲律宾。由新移民带来的技术和文明，提升了菲律宾当地驯养动物、制陶、农业耕种等生产技术，同时也带动了人口增长。现在菲律宾各个群岛上都发现了新石器时代文化遗址，充分说明当时的人口活动已在各个地区广泛分布。

公元前700年左右，菲律宾群岛各地陆续进入金属时代，菲律宾西部部分岛屿在公元前700—前500年左右进入金属时代，但东部靠太平洋的一些群岛直到公元2世纪才进入金属时代。这一时代突出的特征就是金属工具的出现和使用。根据在巴拉望的洞穴考古发现的青铜矿渣、铜器、青铜矛尖和小刀，可以判定金属时代早期出现了铜器和青铜器，但因矿产获取的难度，石器还未被金属完全替代。到了金属时代中期，铁器开始出现并普遍使用，在马农古尔洞发现了30件铁器，这是已发现的菲律宾最早的铁器遗址。由于菲律宾富含铁矿资源，当地的人民较快便掌握了开采铁矿和熔铸铁器的技术，并将铁器大量用于手工业和农业生产，进一步提高了劳动生产力。菲律宾群岛上水稻种植业有了较大的发展，出现了用堤坝围田，积蓄雨水灌溉，甚至用青铜工具开挖梯田，农业生产发展较快。考古发掘的属于金属时代的串珠，有些是用光玉髓或者玻璃制作的。光玉髓的产地集中在印度，而菲律宾在原始社会是没有玻璃制造工艺的，因此可以判定金属时代菲律宾就已开展对外贸易活动。

随着生产力的提高，贫富分化，原始公有制的逐渐解体，到公元前2世纪左右，菲律宾各地陆续进入到阶级社会。根据现有的资料表明，在公元前200年一直到公元1500年之间，陆陆续续有马来人迁徙到菲律宾群岛，他们驾驶着名为"巴郎圭"（马来语）的帆船来到菲律宾后就长期居留下来，这些航海而来的马来人是今天的泰加洛、伊洛干诺、邦板牙、米骨和米沙鄢等族的祖先，构成了现今菲律宾民族的主要种族。这批马来移民在菲律宾建立了很多聚居地，后来，人们称这些互有血亲关系的家族聚居地为"巴朗圭"。在西班牙殖民者入侵菲律宾以前，菲律宾一直没有形成大一统的集权国家，而是由巴朗圭这种村社构成最基本的社会组织。每个巴郎圭是由一个或多个血亲关系的家族组成的村落，大小不同，小的只有二三十户家庭组成，大的有 100 多户构成多达 2000 人的大村落。在巴朗圭的内部一般可分为贵族、自由民、依附民、奴隶 4 个等级。贵族阶层由酋长及其妻子儿女构成，属于巴郎圭的统治阶层。酋长拥有立法、执法和审判权，同时也是巴朗圭的军事首领。自由民拥有自己的房屋、土地及财产，不必向酋长交纳贡赋和提供劳役。依附民为贵族或自由民耕种土地，有自己的房屋，但没有自己的土地和牲口。作为依附民，他们必须将收获的一半以上的农产品上交给主人。这些依附民占据了巴朗圭人口的绝大多数，他们有权处理自己的房屋和私有财产，并可由其子女来继承。奴隶是巴朗圭的最低阶层，没有自己的房屋和财产，只能居住在主人的家里，为主人从事农耕劳务或家务劳动。奴隶须经其主人允许才能成婚，他们的子女亦是奴隶，而奴隶主对奴隶握有生杀大权，可将奴隶或其子女转售给他人。

随着阶级斗争的发展和伊斯兰教的传播，菲律宾社会出现了封建生产方式的萌芽。在 1521 年西班牙殖民者入侵前，古代菲律宾北部和中部地区就已进入了早期的封建社会，菲律宾南部地区的封建社会已处于较为发展的阶段。苏禄群岛和棉兰老岛出现了一些穆斯林苏丹国，这些国家拥有比其他岛屿更高级的封建社会组织形式。苏丹政权建立以后，仍利用当地原来的村社酋长对人民实行封建统治。苏丹、酋长和贵族形成新的地主阶级，拥有大量土地，向农民征收地租，掠夺农民的劳动成果，还垄断对外贸易，放高利贷，从中获利。这些苏丹政权有个鲜明的特点便是实行政教合一，对人民宣扬他们的统治特权是天赋的"神权"。

古代菲律宾在农业方面，除了山区还使用刀耕火种等落后生产方法外，平原地区基本采用灌溉的方式，用水牛、犁耙进行耕作，农民多种植稻谷、甘蔗、棉花、椰子、麻等农作物，甚至将农产品运往邻近国家和地区进行贸易。手工业也出现了采矿、伐木、冶炼、煮盐、制糖、织布、酿酒等部门。造船业和对外贸易也相当发达，渔民驾着小船使用各种工具从事捕捞活动，甚至在内河进行养殖，有人建造大帆船，驾船在海上进行航行，开展对外贸易活动。当时，从吕宋岛到棉兰老岛，各岛之间都有商业来往，并且这些群岛和中国、印度、印度尼西亚、马来亚、日本和泰国等邻国，都有广泛的商业贸易往来。菲律宾商人将本地出产的珍珠、降香、黄蜡、玳瑁、槟榔等土特产，通过苏禄岛等贸易中心，运往文莱、暹罗、日本、中国和印度尼西亚等国家和地区进行销售。很多菲律宾港口汇聚着各国的商人，甚至有远道而来的阿拉伯商人在菲律宾西海岸进行交易，再把货物运往遥远的中国大陆。

第 2 节　古代与中国的经济交流

　　菲律宾与中国的友好往来最早可以回溯到我国东汉、三国时代。公元 7 世纪（我国唐朝时期），中国和菲律宾群岛之间就有贸易往来和文化交流，虽然唐宋没有关于中菲贸易情况的文字记载，但是根据考古发现，当时已有中菲之间的海上贸易航线，从泉州驾船经占城、渤泥到达菲律宾。在菲律宾群岛曾发掘出不少唐代中国文物，比如班丝兰省出土的唐代钱币，宿务、苏禄群岛等地挖掘出的唐代瓷器等，说明在唐代，菲律宾和中国就已经有较活跃的贸易往来。

　　宋元时代史籍里出现了大量有关中国和菲律宾贸易往来的记载，里面的地名，如麻逸、三屿、白蒲延、蒲端、里银东、流新、里汉、民多朗、麻里噜、苏禄等古国，都在今菲律宾群岛内。《宋会要辑稿》记载，宋咸平六年至大中祥符四年（1003—1011 年），菲律宾棉兰老岛上的蒲端国曾多次派使节到中国进行朝贡，受到当时宋朝统治者的友好款待。《岛夷志略》里提到"宋置市舶于泉州，以通诸藩。旧志所载，有麻逸、三屿、白蒲延。诸国"，宋代有中国商船定期开往菲律宾，到麻逸、三屿等地贸易，出售瓷器、纺织品、金属器皿等日用品，换取菲律宾的黄蜡、吉贝、珍珠、玳瑁、槟榔、木棉花等土特产。

　　公元 11 世纪左右，得益于福建商人新开辟的南海"陶瓷之路"，中国商船不再需要绕道，便可以从台湾海峡，穿过沙马头澳，再穿过巴士海峡，直接到达菲律宾的吕宋岛，大大缩短了旅途时间，中菲之间的贸易越发繁荣。除了北部麻逸等地区继续保持与中国的密切贸易关系外，南部地区的民多朗和苏禄群岛也纷纷对中国开展贸易。元代汪大渊的《岛夷志略》就谈到民多朗"煮海为盐，酿蔗浆为酒，织珠布为业""地产中等降真条、黄蜡、玳瑁、珍珠""贸易之货，赤金、花银、八都剌布、青珠、处器、铁条之属"，谈及三岛（即三屿）时，提到当地商人"常附舶至泉州经纪"，回国后受人尊敬，"既归其国，则国人以尊长之礼待之，延之上座，虽父老亦不得与争焉"①。

《诸藩志》还记载了个别菲律宾古国特殊的交易习惯，比如中国商船进入麻逸，泊船于官场码头，当地商人用竹排搬走货物后，"以其货转入他岛屿贸易，率至八九月始归，以其所得准偿舶商"。这种先贩货后结算的赊销付款方式充分显示了中国商人对当地商贩的信任。汪大渊在其所著的《岛夷志略》里对麻逸商民给予了高度评价，"守信始终，不爽约也"。其他岛屿反倒没有出现这样的交易方式，因此去往麻逸的商舶是最晚返航的。

在麻逸之南的三屿，即今巴拉望等地，据《诸藩志》记载，商舶一到，"蛮贾争棹小舟，持吉贝、黄腊、番布、椰心簟②等至与贸易"，中国的瓷器、皂绫、乌铅、五色琉璃珠、织绢等物很受当地人欢迎。

明朝前期实行海禁政策，朝贡贸易开始逐步取代民间贸易，

---

① 汪大渊：《岛夷志略·三岛》。
② 椰心簟，用椰心草织成的草席。

成为唯一合法的贸易途径。1405 年（明永乐三年），明朝派使团访问吕宋。1405 年至 1433 年郑和 7 次出访东南亚、阿拉伯、非洲等地区时，曾派出使节访问菲律宾群岛的一些地区。据中菲两国有关文献记载，1417 年郑和派张谦访问古麻剌郎国，1405 年至 1406 年郑和派使者访问仁牙因，1408 年至 1410 年访问马尼拉湾和民都洛岛，1417 年遣使访问苏禄群岛。受郑和下西洋的影响，菲律宾群岛上的邦国纷纷来华朝贡，甚至多次由国王亲自带团来访。《明史》记载，"永乐三年，合猫里①入贡""永乐六年，冯嘉施兰入贡""永乐八年，吕宋②，冯嘉施兰③入贡""永乐九年，古麻剌朗④王入贡"，尤其是永乐十五年来华朝贡的规模最为庞大。《明史》记载，苏禄国"其国东王巴都葛叭哈剌、西王麻哈剌叱葛剌麻丁、峒王妻叭都葛巴剌卜并率其家属头目凡三百四十余人，浮海朝贡，进金镂表文、献珍珠、宝石、玳瑁诸物"⑤，返程时明朝政府赐予了丰厚的赏赐，"各赐玉带，黄金百，白金二千，罗锦文绮二百，帛三百，钞万锭，钱二千缗，金绣蟒龙衣、麒麟衣各一"⑥。明朝时期，中菲之间民间贸易非常活跃，中国的商船直通吕宋、班丝兰、苏禄群岛等地区，福建漳泉等地的商人大批赶赴菲律宾群岛，从事商业贸易活动。直到 1571 年，西班牙殖民者先侵占吕宋等北部和中

---

① 合猫里，古国名，故地在今菲律宾吕宋岛南部。
② 吕宋，古国名，故地在今菲律宾吕宋岛马尼拉一带。
③ 冯嘉施兰，古国名，故地在今菲律宾吕宋岛西部的班丝兰省。
④ 古麻剌朗，古国名，故地在今菲律宾棉兰老岛。
⑤ 《明史》，卷三二五《苏禄传》。
⑥ 同上。

部地区，后又相继占领了菲律宾其他各岛，菲律宾与中国传统的朝贡才彻底结束，中菲间的民间贸易变成了中国与西班牙殖民者之间的贸易。

据《明史》载，到菲律宾经商的以闽商居多，仅吕宋一地，在明万历年间已有数万人。"先是，闽人以其地近且饶富，商贩者至数万人，往往久居不返，至长子孙。"有些手工业破产者或者农民为了谋生，随着商船前往菲律宾定居，在当地开垦荒田，种植果木和蔬菜，经营商铺，从事各种手工业劳动。中国先进的农业和手工业技术，比如耕种、冶炼、制陶、采矿、制糖、嫁接果树等技术传到了菲律宾，各类工具如铁犁、耙、镰刀、水车、水磨等物也被带到了菲律宾并被广泛使用，进一步促进了菲律宾社会生产力的提高和经济发展。在中菲贸易往来间，许多农作物如红薯、烟草、花生等经菲律宾引进了中国，大大丰富了我国农作物的品种。据《闽书》等史籍记载，红薯是在明万历年间（1573—1619年）由华侨陈振龙传入我国福建省的，这种高产又耐旱的作物迅速在中国推广开来，成为我国杂粮作物的重要品种之一。烟草也是明朝万历年间由吕宋华侨引入中国的，刚引进的时候物以稀为贵，曾有"以马一匹易（烟）丝一斤"的情况。花生也是经菲律宾传入中国福建省。① 另外，可可、玉米、南瓜等原生产于拉丁美洲的农作物也是通过华侨从菲律宾传入中国的。②

---

① 徐振保：《中外文化交流记趣》，复旦大学出版社1996年版，第49页。

② 周一良：《中外文化交流史》，河南人民出版社1987年版，第454页。

第3节 近代殖民经济的特点

3.1 西班牙殖民时期

16世纪初,西方各国陆续开始资本原始积累的进程,掀起了开辟新航路、建立殖民地的热潮。由于菲律宾地处亚洲和美洲海上要冲,地理位置十分重要,菲律宾成了殖民者最早染指并建立殖民地的东南亚国家之一。

1521年3月,西班牙远征舰队在麦哲伦率领下首次抵达菲律宾,在企图侵占马克坦岛的战斗中,麦哲伦被当地岛民射杀,此后数十年,西班牙远征队多次侵袭菲律宾群岛,当地人民不断挫败其侵占行动,但由于敌对双方力量的悬殊,菲律宾北部马尼拉于1571年5月被西班牙殖民者占领,殖民活动逐渐向南部扩张,菲律宾群岛逐步沦为殖民地。

西班牙在菲律宾设立总督、殖民官吏,利用天主教传教士、军队等软硬手段对菲律宾的政治、文化展开了一系列的渗透和控制。经济上,西班牙殖民者起初想通过香料贸易获取暴利,但菲律宾群岛上的香料并不算富饶,贵金属等矿产资源没有得到开发,农业受限于耕作技术的落后并无太多剩余,殖民者无法从当地产业中获得暴利。然而,西班牙殖民者很快发现了能创造大量利润的经济活动,那就是垄断大帆船贸易,通过将中国的丝绸和瓷器、印度的棉布、波斯的地毯、柬埔寨的象牙、爪哇和苏门答腊的胡椒、锡兰的宝石等物运到西属殖民地墨西哥出售，赚取差价。大帆船贸易中，来自中国的产品占据了大多数，尤其是中国出产的生丝和丝织品。彼时中国的丝织品物美价廉，名扬天下，各国商贾竞相购之，丝织品运到太平洋对岸的西属殖民地，价格提高了8倍不止。从1565年开始到1815年结束，历时250年的大帆船贸易使西班牙殖民者获得了巨额利润，但菲律宾人民却没有从这一贸易中直接受益。西班牙殖民者不重视对菲律宾的经济建设，本土的一些手工织布业因为转运利润不高而被排除在殖民者的贸易清单上，最后彻底凋敝。殖民者也不愿意在利润不高的民生产业上进行投资，而华人则成了这些民生必需品重要的提供者。17世纪末，马尼拉高等法院写给西班牙国王的信上说，"菲律宾的经济存在完全依靠中国人，因为他们掌握了这个群岛的供应、贸易和工艺。"[1] 可见华侨对于菲律宾当地民生经济的贡献。但因为惊惧华侨屡次在菲律宾当地反西抗争中提供帮助，影响其殖民利益，西班牙殖民者先后数次对华侨和华商展开迫害，比如对华商征收高于菲律宾人2倍的贡税和关税，居留税在30年间上涨5倍，以各种名义榨取华人华侨的财富，甚至从1603年起以华侨企图"谋反"为理由，对马尼拉的华侨进行多次大规模的迫害和屠杀，在菲律宾当地煽动反华情绪，频繁、大规模驱逐华人华侨。

西班牙殖民统治者对菲律宾殖民地采取专制的孤立主义政

---

[1] "Audiencia to the King, June 1E, 1695" (A. G. I. Filipinas, 202) Cited from Lourdes Diaz – Trechuelo," The Role of the Chinese in the Philippine Domestic Economy, (The Chinese in the Philippines 1570—1770)", P190.

策，限制殖民地对外交往，导致菲律宾长期处于与世隔绝的状态，社会各方面发展极其缓慢。随着西班牙在海上贸易控制权的丢失，自由贸易主义取代重商主义，加上 1821 年墨西哥在反西斗争中取得胜利，菲律宾与墨西哥之间的大帆船贸易被迫陷于停顿，没有了大帆船贸易和来自墨西哥殖民地的白银收入，殖民者面临着严重的财政危机。西班牙当局遂修改殖民政策，于 1830 年陆续开放马尼拉、怡郎、宿务等菲律宾其他港口，允许西方其他资本主义国家进入菲律宾市场。除此之外，为了增加财政收入，西班牙殖民统治者在菲律宾实行新经济政策，比如实行烟草专利制度。殖民政府垄断烟草生产并强迫每个农民必须生产种植一定数量的烟叶，全面控制烟种分发、收购、加工和销售等环节，故意压价盘剥农民，甚至故意欠发烟钱，许多农民无法及时得到卖烟的收入，生活陷入困顿。1820 年，菲律宾的烟草专利盈利收入 640119 比索，到了 1870 年，这一盈利高达 1649939 比索。除了烟草，西班牙殖民者对其他经济作物的种植和生产也采用垄断贸易的方式。为最大限度地降低生产成本、提高土地产出率和便于生产管理，殖民当局推行土地所有权高度集中的政策，强行霸占当地农民的土地以开辟种植园，在菲律宾形成了许多专门种植某种单一经济作物的地区和大种植园。许多失地农民被迫到种植园当雇工，廉价出卖劳动力。

　　西班牙殖民政府推行的新经济政策一定程度上促进了菲律宾商品经济的发展。据统计，1813 年菲律宾的甘蔗出口仅有 5 万担，20 年不到的时间出口量翻了 4 倍之多。1818 年蕉麻出口仅为 200 多担，10 年的时间出口量翻了 80 倍之多。怡朗港的蔗糖出口在 1859 年至 1863 年的 4 年间增长了 18 倍。1835—1895

年的 60 年间，菲律宾的对外贸易额从 590 万比索增至 6200 万比索，增长近 10 倍。[①] 但需要清醒地认识到，这些成果是以牺牲广大菲律宾人民的利益为代价的，被西班牙殖民统治的 300 年间，菲律宾几乎不存在工业，在经济中占优势的，仍然是自给自足和半自给自足的、极为分散而又落后的农业。

从 15 世纪西班牙开始殖民统治，当地菲律宾人和华人华侨起义不断，均被殖民军队残酷打压而以失败告终。到了 19 世纪末，菲律宾各地反西班牙殖民统治的武装组织层出不穷。1898年 6 月 12 日，以阿吉纳尔领导的反西组织宣布菲律宾独立，成立了菲律宾历史上第一个共和国。共和国的成立，标法着西班牙殖民统治在菲律宾的结束，但同年美国打败西班牙，并在 8月迅速占领了马尼拉。1899 年 12 月，西班牙签署美西《巴黎条约》，将菲律宾割让给美国，于是菲律宾又沦为美国的殖民地。

3.2　美国殖民时期

美国开始殖民统治后，政治上用美国的政治体制取代西班牙传统的殖民机构，文化上派遣美国教师，在菲律宾境内开设英语教育，宣扬美国文化和生活方式，经济上将菲律宾看成廉价的原料供应地、商品销售市场和资本投资地，实行自由主义经济政策，确保美国资本家在剥削和掠夺菲律宾中的垄断地位。

美西《巴黎条约》规定，从条约生效的 10 年内，西班牙进口商品在关税上享有与美国进口商品同等待遇。因此 1909 年

---

① 魏达志编著：《东盟十国经济发展史》，海天出版社，2010 年，第 117 页。

前，美国对菲律宾的对外贸易政策没有进行变动，但 1909 年上述条约限制失效之后，美国马上于同年 8 月 5 日通过了《佩恩－奥尔特里奇法》，规定菲律宾的原料和制成品在一定限额内可以免税输入美国，但美国输入菲律宾的商品完全免税，数量也不受到任何的限制。1913 年 10 月，美国又颁布了《安德伍德－西蒙斯法》，取消了对菲律宾商品输入美国的限额，自此美菲之间实行完全的免税贸易，直到 1934 年才结束。

免税贸易使美国在菲律宾进出口贸易中占据了主导地位，1899 年菲律宾出口总额中美国只占 18%，到了 1933 年这一比例增长到了 83%。1899 年美国商品输入额占菲律宾进口总额的 7%，1915 年是 53%，1933 年这一比例增至 64%，从数据可以看出，免税贸易使得菲律宾的经济严重依附于美国。另外，菲律宾本土的纺织业、制烟业、手工业等行业在美国商品大量倾销的冲击下，景象萧条。殖民者为了推销美国商品，对菲律宾当地产的商品征以重税，或禁止出卖，不少工厂被迫倒闭，菲律宾民族工业的发展受到极大阻碍。

在殖民统治期间，美国向菲律宾大量输出资本，1914 年美国在菲律宾的私人投资为 6400 万美元，1923 年增至 1.45 亿美元，这些资本中的绝大多数流入菲律宾的原料生产和出口作物的加工行业、进出口贸易公司和贸易批发公司等，以便能从菲律宾获取更多廉价原料。对原料生产和出口作物的加工行业的侧重投资，进一步刺激了菲律宾经济结构的失衡，制造业和服务业发展严重滞后，农业部门中仅仅只有供出口的椰子、甘蔗、糖等经济作物得到迅速发展。1910—1913 年，这些物产占全部出口产值的 93.15 ％[①]，经济作物种植制度较为单一。在经济作物种植面积成倍快速增长的同时，菲律宾水稻种植面积在1910—1920 年 10 年间仅仅增加了 25％，居然还比不上 1896 年的种植水平[②]。这样畸形、片面的发展导致菲律宾的经济十分脆弱。当 1929—1933 年资本主义世界第一次经济危机时，菲律宾主要产品的出口额减少了一半不止，其中椰子出口量下跌 58％，蕉麻甚至下跌了 70％，大量工厂倒闭，1932 年约有 120 万工人失业[③]，给菲律宾经济造成严重的伤害。

此外，菲律宾土地问题在美国殖民时期愈发严重。过去，西班牙传教士、殖民官吏霸占、囤积了大量原属于菲律宾农民的土地，美国接管统治权后，将这些土地贱卖给美国公司或殖民官吏，加上高利贷剥削和土地兼并，失业农民人数不断增加。菲律宾人民还要缴纳人头税等各种苛捐杂税。1913 年美国殖民政府征收的赋税大约 2200 万比索，到了 1919 年增至 8000 万比索，短短的 6 年时间赋税就翻了将近 4 倍。高额的税收和微薄的收入造成大规模贫困现象，再加上第一次经济危机的打击，菲律宾民众的生活雪上加霜，群岛各地反殖活动层出不穷。

---

① 文森特·威德纳斯：《菲律宾经济危机》，第 117 页。

② 金应熙等主编：《菲律宾史》，河南大学出版社 1990 年版，第484 页。

③ 中山大学历史系东南亚研究室：《菲律宾史稿》，商务印书馆1977 年版，第 94 页。

第 4 节　第二次世界大战前经济状况

1934 年美国通过《泰丁斯－麦克杜菲法案》（又称"菲律宾独立法案"），准许菲律宾于 1934 年成立自治政府，在过渡期 10 年后即 1946 年完全独立。法案规定，美国输往菲律宾的商品仍然免税，而菲律宾输往美国的商品从自治第 5 年起要缴纳 5% 的关税，然后逐年递增 5%，到 1946 年自治期满，达到美国规定外国商品的全部进口税率。另外还规定，从自治第一年起菲律宾免税输入美国的主要商品比如粗糖、椰油、麻制品等在数量上受到限制[①]。该项法案看似要将主权还给菲律宾人民，但菲律宾各项经济贸易活动仍然受到美国的把控。法案实施后，美国在菲律宾对外贸易中的比重进一步增大。1937 年美国在菲律宾对外贸易总额中占到 71%，到 1940 年这一比例提高到 75%[②]。据统计，二战前，菲律宾超过 70% 的消费品都是从美国进口的[③]。

二战前这 10 年的自治时期，菲律宾采矿业发展迅速，1934 年采矿业的产值是 10.2 万比索，从 1934 年到 1941 年这 7 年间，采矿业产值增长了 136 倍。菲律宾其他行业的经济也有了一定

[①]　金应熙等主编：《菲律宾史》，河南大学出版社 1990 年版，第 509 页。

[②]　佩德罗·阿贝拉达：《1898—1946 年的美国的关税政策》，第 215 页。

[③]　同上。

的发展，但发展又是有限的。由于生产技术落后和受到国际市场价格的影响，有些主要的经济作物比如椰制品、糖、烟草、麻的产值和种植面积出现了剧烈波动。比如，占据了菲律宾出口产值五分之一的椰制品行业，1929 年产值为 8909 万比索，1934 年产值下降到 2715 万比索，1938 年略有回升至 9000 多万比索，但到了 1939 年又暴跌到 2800 万比索，不及 1929 年产值的三分之一。1936 年到 1940 年，糖的产量从 98 短吨①增加到124 短吨，但是 1941 年糖的产量又出现了下降。1936 年烟草的种植面积约为 6.5 万公顷，1938 年增长到 7.48 万公顷，1939 年种植面积出现下降，到了 1940 年种植面积降至 6.8 万公顷。1936 年麻的种植面积约 47.89 万公顷，产量约为 308 万担，1938 年种植面积扩大到 50.8 万公顷，产量却降至 260.7 万担，到了 1939 年麻的种植面积仅仅只有 29.15 万公顷，产量更是下降到仅有 227.8 万担。

由于美菲间特殊的贸易关系，菲律宾主要经济部门基本由实力雄厚的美国资本垄断，菲律宾民族经济的发展受到极大阻碍。1939 年，菲律宾制造工业部门的雇佣工人只占菲律宾人口的 4%，民族工业只限于一些生产国内市场消费品的小型企业。在菲律宾营业的 15 家银行中，由菲律宾民族资本控制的仅有 2家，而且规模极小，不到国内银行总资产的 1%。大规模的制糖厂、椰油厂、烟厂、麻厂则大部分是由美国资本所控制和垄断，民族工业根本无法与这些美国资本竞争。1938 年，菲律宾外国资本投资额共约 4.25 亿美元，其中美资本为 2.58 亿美元，占外

---

① 1 短吨 = 0.907 吨

资总额的 60%①。在美贸易与投资双重挤压下,菲律宾民族经济举步维艰。

1936 年,菲律宾进出口贸易总额约为 4.98 亿比索,1940 年涨至 5.81 亿比索,但贸易顺差从 1938 年起出现大幅度下降,1937 年贸易顺差 1.16 亿比索,1938 年暴跌到 2880 万比索,到 1940 年顺差仅 4230 万比索,还不及 1937 年的一半。自治政府于 1938 年、1940 年、1941 年多次遇到财政困难。1938 年财政赤字 793 万比索,1940 年财政赤字高达 2558.6 万比索,政府被迫削减文教卫生、公共工程甚至行政经费度过难关②。

虽然菲律宾自治政府尝试与美国一同成立菲律宾事务联合筹备委员会专门研究美菲贸易关系问题,也通过了《泰丁斯 – 科索尔科夫斯基法》试图改变这种状况,但是作用不大。自治政府的总统奎松曾说:"此法并未充分、完全的解决较大、较重要的经济调整问题""我国基本工业仍然没有幸存的希望"③。

总体来说,在第二次世界大战前这一段自治时期,菲律宾仍然是一个落后的农业国,国民收入中,农业收入占 56.80%,而工业仅占 14.50%④,出口产品将近 80% 都是农产品。这种以

---

① 厦门大学南洋研究所编著:《东南亚五国经济概况》,人民出版社 1976 版,第 101 页。

② 安德鲁斯·卡斯特罗:《菲律宾经济》(Andres Castillo: Philippine Economics),1957 年,第 666 页。

③ 金应熙等主编:《菲律宾史》,第 531 页。

④ 肯尼斯·库利哈利:《菲律宾劳动力研究》(Kenneth Kurihara: Labor in the Phillippine Economy),1945 年,第 6 页。

初级产品换取工业制成品的进出口商品结构以及严重依赖单一市场的对外贸易，不利于菲律宾经济的持续发展。

第 5 节　第二次世界大战后经济发展

第二次世界大战中，日本于 1942 年 1 月占领菲律宾。二战结束后，美国又重新控制了菲律宾。1946 年 7 月 4 日，菲律宾摆脱美国的殖民统治获得独立。

在东南亚国家中，菲律宾遭到的战争破坏是最为严重的。100 多万菲律宾人死于二战，首都马尼拉大约 90% 的建筑物被炮火摧毁，其他城市如怡朗、宿务、奎松等几乎成了废墟。全国的发电厂、自来水厂、通讯系统、煤气厂和铁路、码头等公共设施陷于瘫痪。所以从 1946 年独立后到 1950 年间，菲律宾进行了经济恢复工作。1946 年 7 月独立后，以罗哈斯总统为首的菲律宾政府以及后来以季里诺总统为首的菲律宾政府，依靠美国的大量援助，在国民经济的各个部门进行了大规模的恢复工作，利用扩大对外贸易促进国民经济的恢复。1950 年，菲律宾的工农业生产基本恢复到战前的水平。

1950 年以后，菲律宾政府开始限制消费品的进口，大力发展进口替代工业，减少了对进口商品的依存度，加上利用朝鲜战争扩大输出，1949—1953 年，菲律宾工业部门的年均增长率达到 8.8%，1953—1957 年达到 8.1%。其中制造业的年均增长率在同一时期分别达到 14.1%、11.1%，矿业的年均增长率在同一时期分别达到 23.5%、7.7%，国内生产的消费品种由 1949 年的 14 种快速增加到 1959 年的 909 种。国内生产的一些产品开始占领国内市场。50 年代末，菲律宾成为东南亚经济发展最快、工业化程度最高的国家，一度是亚洲第二大经济体，仅次于日本，首都马尼拉更是被称为"亚洲的纽约"。当时，菲律宾人均国内生产总值年均增长率为 3.6%，而同期泰国为 2.8%，印尼为 1.9%，新加坡为 1.3%，马来西亚仅为 1.0%。1950—1961 年，菲律宾国民生产总值年均增长率达 6.6%，而农业的增长速度（1950—1960 年的年均增长率为 3.8%）不但落后于工业的增长速度，而且落后于整个经济的增长速度，粮食生产不能满足社会的需求。随着人口增长，粮食进口量也不断增加。

60 年代初期，美国、日本等发达国家发展资本及技术密集型产业，劳动密集型产业开始向劳动力资源较丰富的东南亚国家转移，但菲律宾没有及时调整发展战略，反而提高关税，坚持进口替代战略，其他东南亚国家的经济发展速度加快，菲律宾逐渐丧失了领先地位，再加上工农业部门失调、国内保护主义盛行、政局动荡、社会矛盾激化，尤其是棉兰老岛南部反政府武装经常进行绑架等恐怖活动的影响，菲律宾经济逐渐陷入困境，长期停滞不前，被后来居上的亚洲四小龙和其他邻国远远地抛在后头。

70 年代到 80 年代马科斯独裁统治期间，由于贪污腐败盛行，菲律宾债台高筑，经济濒临崩溃。1983 年菲律宾陷入外债危机，1984 年和 1985 年经济出现负增长。1986 年阿基诺夫人上台后，提出自由经济，推行降低关税，进行国有企业私有化，大力吸引外资，打击腐败等措施，菲律宾经济有所好转，国内生产总值年均增长率从 1985 年的负增长上升到 5.15%（1986—1990 年），年均通货膨胀率、年均失业率、贫困率都有所下降，但其执政期间多次发生军事政变，反对派及南方分裂集团活动频繁，导致外来投资减少，海湾战争引发油价急剧攀升，国际贸易出现赤字，再加上气候干旱缺水、火山爆发等地质灾害，菲律宾经济仍然无法摆脱困境，在阿基诺夫人执政后期，菲律宾经济发展陷入停滞状态。1991 年国内生产总值甚至出现了负增长，经济发展远远落后其他的东南亚国家。

90 年代初拉莫斯上台，提出"菲律宾 2000 年"发展规划和"1993—1998 年"中期经济发展计划，菲律宾要在 20 世纪末成为新兴工业国，人均收入提高到 1000 美元以上。为实现该目标，菲律宾采取了一系列振兴经济措施：推出税收优惠政策，改善投资环境，扩大外资引进规模；重视基础设施建设，大力发展电力、能源和交通事业，彻底解决多年制约工业发展的电力短缺问题，为经济持续发展创造了条件；颁布《出口发展法》等各项法规，大力发展出口导向型工业化战略；鼓励劳务输出，促进服务贸易的发展。其改革的深度和广度都超过了此前任何一届政府，菲律宾经济由此开始全面复苏并保持较高的增长速度。1993—1997 年间出口年均增长 20.8%，出口额从 1993 年的 113.75 亿美元增加到 1997 年的 252.28 亿美元，国民生产总值增长率从 1993 年的 2.7% 增加到 1996 的 6.8%，通货膨胀率从 1991 年的 18.7% 下降到 1995 年的 7.5%。

1997 年 7 月爆发的亚洲金融危机对菲律宾造成了一定冲击，货币大幅度贬值，企业经营困难，失业率上升，银行呆账升高，部分金融机构倒闭，经济增速再度放缓。拉莫斯政府和其后短暂执政的埃斯特拉达政府先后对金融行业进行整顿，制定了房地产贷款占贷款总额最高不超过 20%、外币贷款不超过外币存款总额 70% 的规定，并且设立呆坏账防范储备金，提高国民储备水平，加强流动资金管理，规范外汇交易等。到 1998 年年底，菲律宾金融形势开始好转。

2001 年阿罗约上台后，提出打击腐败、摈弃亲属政治等口号，将发展经济、消除贫困作为施政核心，通过政府宏观调控措施，加大对农业和基础设施建设的投入，扩大内需和出口，加上金融危机后世界经济复苏，2004 年菲律宾 GDP 增长率达到 6.1%，是菲律宾自亚洲金融危机以来增长速度最高的一年，甚至超越了危机前 1996 年 5.8% 的增长率。

近年来，菲律宾继续保持较快的经济增长，GDP 年增长率多数保持在 5% 以上，2019 年 GDP 增长率为 5.9%，债务水平（债务额/GDP）从 2004 年的 75%，降低到了 2019 年的 41%，通货膨胀率从 2009 年的 4.5% 降到 2019 年的 2.5%。自 2015 年"一带一路"提出以来，中菲多次签署经贸技术合作文件，在教育、科技、文教、旅游等方面不断深化交流与合作。2019 年双边贸易额达到 609.5 亿美元，同比增长 9.5%。目前中国已成为菲律宾最大的贸易伙伴、第一大进口来源国和第四大出口目的地。

大陆东南亚篇

第6章 越 南

第1节 古代越南经济发展状况

1.1 古代越南的经济制度与社会

越南，这个与中国陆地接壤、海洋相连的国家，历史上不仅与中国有着千丝万缕的联系，而且也是东南亚国家中国力最为强盛的国家之一。越南南北狭长，而东西跨度较小。地理位置在北纬 8°30′至 23°22′，东经 102°10′至 109°30′之间。西部陆地与老挝、泰国、柬埔寨，北部与我国云南、广西接壤。东部面向南海及北部湾海域。无论是陆地还是海洋，越南与中国都是最近的邻国之一，是中国对外关系中非常重要的一个国家，而且在经济领域的合作也是非常紧密的。

越南是大陆东南亚国家中最早兴起的国家，国家建设发展中与我国有着非常深的渊源。我国汉代在公元前 111 年曾征服了越南（现在的越南北部地区）。但唐朝灭亡后，越南趁中国处在五代十国及后期，各个民族宣布成立各自的国家之际，越南地方将领吴权称王。968 年，越南人丁部率领的部队征服了其他割据势力，正式建立了以越南人为主的国家，史上称之为丁朝（968—980 年）。这是历史上越南最早的作为独立国家的政权建设活动。也就从这一时期起，越南社会虽然在社会制度方面受到中国深远的影响，但在国家建设过程中，也努力与中国有所区别，着力建设自己国家独特的社会形态并不断发展。

越南的奴隶社会发展的时间较长，直到公元 10 世纪才真正进入到封建社会。我们知道，西方社会奴隶主得到奴隶的主要途径是城邦间战争之时抓到的士兵沦为奴隶主的奴隶，这是奴隶来源的最早方式。而后随着生产力不断发展，人类社会生产有了剩余产品，使得奴隶主剥削奴隶的方法和手段不断增加。而东方国家的奴隶制发展特点与西方世界有很大不同。马克思指出，东方国家的奴隶制是"普遍奴隶制"。就其发展形式而言，主要是虽拥有土地，但受到的剥削与西方奴隶制下被剥削的程度相同，也被剥夺了一切自由。奴隶主拥有奴隶的方式有所不同，奴隶规模也要比西方奴隶制社会大。我们可以理解为最大的奴隶主

就是国王，而国王分封的皇族以及诸侯则是国王下的低一级别的奴隶主。而农民则是主要的奴隶群体。

这种"普遍奴隶制"使得东方国家经济发展形式与西方国家略有不同，西方国家的奴隶有的甚至可以从事很多如医生等职业。而东方普遍奴隶制的特点则是以帝王为中心，奴隶多数以农业生产劳动为主业。本书对这个问题在此不进行深入探讨，主要说明的一点是，中国作为东方文明古国，对周边国家经济体制有着非常深刻的影响，甚至多数国家就是直接采用中国的政治经济体制。越南虽然独立，但其社会体制的形成仍然是以中国社会体制为主要形式，且对中国进行朝贡，因而中国对其影响也是不言而喻。中国在公元 10 世纪已是封建土地制度，农民主要有自耕农、佃农及依附农为主，成为中国封建专制统治的基础。因而古代越南经济制度与中国基本相同，社会形态和社会基础也与中国相近。

远古时期，在越南发现过人类居住的遗址和遗物，有和平文化和北山文化遗址。人类文明发展通常在江河流域以保证农业生产。越南也是如此，其最早的活动区域是以红河中下游地区为主。越南早期居住的人类据说是以印度尼西亚人、美拉尼亚人为主，而现在居住的越南人则来自于中国华南地区的百越族。他们建立了自己的族群，也有了比较强盛的部落如"文郎"等。社会形态还处在原始社会，耕地、山林、河流等资源归部落所有。

随着越南封建制度国家的建设，作为一个独立国家采取了符合自身特点的政治经济制度。中央政权从丁朝开始逐步稳固。在历代王朝更换的过程中，政治经济制度都是采用中国的封建王朝制度。其生产方式、生产力水平与中国相互融合，相互影响，其发展模式几乎完全相同。古代越南独立后最长的王朝是李朝（1010—1225 年），国名为大越国。李朝颁布了历史上第一部刑书，效仿中国设立文官九品官位制，全国划分为 24 路（行政区划），下设州、府。李朝对农业非常重视，鼓励百姓开垦荒地，还积极兴修水利，在昇龙（现河内）城外修筑河堤。民间手工业和商业得到较大发展。

后黎朝（1428—1527 年）开始有了较为明确的税收制度。除了参加科举之人、士兵、老人和佣人之外，都要交人头税。还要根据拥有土地面积、收获农产品的价格以及土地价格来上交税收。之后的朝代也沿袭了这一税收制度。同时还根据国际贸易情况设立了关税。在每个村中有公田的时候，公田作为村民共有财产进行分配，同时也成为一种具有救济性质制度，在越南农村社会得到广泛的认可。

随着 15 世纪末西方重商主义思潮的兴起，欧洲人沿着大西洋出发发现了通往印度洋的航路，从此开始了对外侵略与扩张。越南也是其中被侵略的目标之一。19 世纪，法国以保护传教士名义侵入越南，迫使当时的越南阮朝与其签订《西贡条约》，并割让 6 省。越南的经济体制也随着侵略者的入侵发生了巨大的变化。关于这一点将在第 2 节内容中叙述。

1.2 农业及手工业发展状况

越南早在秦朝开始农业技术有了巨大的进步。公元 111 年，越南地方的一些官吏利用权力推广使用铁制农具，推广在当时较为先进的耕种方法，并大量地开垦耕地和兴修水利。水利灌溉得到一定程度的发展。水稻已经有了称之为"交趾稻"的水稻品种，且在种植过程中开始使用肥料。说明当时越南农业种植技术已经达到了较高的水平，水稻种植历史非常悠久，占有非常重要的地位。另外，当时除水稻种植之外还有薯类、豆类、萝卜、甜菜以及各种蔬菜。水果种植业达到一定程度，较为普遍种植的种类有香蕉、荔枝、龙眼、柑子等品种。我们现在仍在食用的水果在 1000 多年前就已经成为越南人们的食物。大约公元 700 年以后，水稻种植已经能够双季种植。同时还种植麻、苎麻、棉花，用来织布。同时养蚕业也非常发达，每年养 8 次蚕。由于次数较多，蚕丝获取也较为容易①。

进入到李朝时期，是越南政权较为稳定的一个时期，农业和畜牧业有了较大发展。土地最高所有权属于国家，农民种田纳税。政府还实施了严格的保护劳动力和畜力政策，甚至士兵在服役期间也可轮流回家参加劳动生产。流民可以回原乡认领土地，则在很大程度上保证了农业生产不受外来因素的影响，农民从事农业的积极性较高。

到了 16 世纪，农业作物更加多样化。胡椒作为一种较为名贵的调味料，得到世界各国人们的喜爱。越南在河仙、迪石等地大量栽培胡椒，并与西方开展了相关产品贸易。同时一些咖啡、橡胶类经济作物越南也广泛种植，种植面积较大的为越南西宁、边和一带。

---

① 参照魏达志编著：《东盟十国经济发展史》，海天出版社，2010年 4 月，第 398 页。

这个时期中国清朝对中原地区大举进攻，并成功成为中国的统治者。而一些明朝"遗民"不甘苟活在清朝的统治下，逃难到了越南。为了生存很多农民在原始地带开垦土地，客观上扩大了越南耕地面积。一些开垦的地方被称为"外侨农业区"。中国人的到来不仅开垦了很多耕地，同时也带来更为先进的农业生产技术。而且越南的南、中、北部市镇周边的蔬菜种植都是这些"侨民"，并在一定程度上垄断了这些地区的市场。因此，在殖民统治之前，越南农业发展及经济作物的种植与中国有着非常深的渊源。

越南统治者为了农业更好发展，大兴土木建设和交通设施建设，特别是从黎朝开始，统治者动员各方力量大力修建一些道路桥梁、开拓运河等，不仅方便了农产品运输，各地治安状况也得到大幅度改善，农村经济生活更加安定。

中国的夏商周时期青铜制造业、冶铁业已得到长足的发展。随着这些手工技能和方法的流入，越南在公元初年就已经开始广泛使用金属器具。铁器主要用于农业生产工具，而青铜主要用于生活用品，如酒具等。由于生产水平的不断提高，用于农业生产工具的铁器工艺得到较大提高。随着铁器传入越南，当地人们的原始生活状态得到较大改变。进入到李朝，炼铁业有了更大进步，以铁制工具为主的农业生产力得到较大提高，生产效率得到改善，农产品产量不断增加。

在中国秦汉统治时期，越南陶瓷业已经出现。越南陶瓷主要学习和吸收中国中原地区的技术，在日常生活用品、祭祀和殉葬品中广泛使用。多种色彩琉璃瓦生产也较为发达。

越南纺织、编织手工的发展在中国纺织技术的影响下得到较大提高。越南与我国岭南地区气候相似，有着大量的水果，特别是香蕉这种水果非常普及。越南人利用香蕉丝织成"交趾布"编织一些针织品，作为越南特产广为人知①。布的名称是因越南地名而得。

1.3 古代中国经济交流

中国与越南在地理上是山水相连的国家，两国间的经济交流非常广泛。可以通过水陆两种途径相互交流，一个是从云南、广西经陆路进入，与越南北方交流较多，另一个是从广东或福建等地通过水路与越南交流，可以直接到达越南南方。由于上述地理条件具备了两国交流的基础，公元220—228年，越南北方地区交州成为与中国和南洋各国开展海上贸易的通道和口岸。陆路交流发展是因为汉朝开辟了一条从湖南到广西和越南商江流域的陆路，从而为中国与越南的广泛交往提供了重要通道。

越南国家建立有着非常复杂且不断向南扩张的历史。如早期越南的国家主要指交趾为中心的现越南北部地区。公元10世纪越南独立后，与中国的交流从未中断，且通过两国人员不断交往，从中国传入的技术促进了越南手工业、农业的发展和技术水平的提高。

丁部领称帝建立"大瞿越国"（968—980年）后，越南才真正意义上建立自己独立的国家。到阮朝（1802—1945年）为止共经历了9个朝代和一个南北战争时期。南北战争时期，南

---

① 参照魏达志编著：《东盟十国经济发展史》，海天出版社，2010年4月，第397页。

方阮氏政权在 17 世纪末灭亡了占城国（或占婆国），越南才有了现代国家疆土的雏形。越南与占城国的经济交流也纳入到与越南经济交流范围中。同时，中国与越南经济交流也是中国与东南亚各国交流中的一部分，贸易特点与泰国、老挝、缅甸及柬埔寨交流的特点有非常相似的地方。明穆宗解除海禁后，越南与中国的经济往来变得频繁。越南会安①成为越南对中贸易集散地，包括东南亚各国及日本的青睐，大量商船来这里开展贸易活动，成为东南亚最重要的贸易中心。中国商船也不例外，当时从广南离岸三分之一的商船属于中国，这些商船更多的是在此做转口贸易，将大量的中国产品通过会安运往日本及东亚各国。

　　17—18 世纪，中国商人每年都去广南开展贸易。因为他们认为广南是联系邻近各国及地区的商业中心②。当时中国产品在欧洲国家受到欢迎，因而越南商人也愿意购买中国产品，中国产品"转贩流通，脱货快利，无有滞积不售"。在这种背景下，中国与越南间的贸易往来，不仅是满足越南国内的需求，更是越南商人利用中国产品赚取利润的重要途径。

---

① 越南中部地区，原为占婆国对外贸易港口。
② 李塔娜著；李亚舒，杜耀文译：《越南阮氏王朝社会经济史》，北京：文津出版社，2000 年 6 月，第 75 页。

第 2 节　殖民时期越南的经济状况

2.1　殖民统治下经济制度的变化

近代西方殖民主义对东南亚各国扩张，使得近代东南亚国家经济体制发生了较大变化。西方对东南亚殖民的背景是当时欧洲国家正处在重商主义思想为基础的大规模获取国外金银等贵金属时期。对以金银为货币的贪婪，使当时的欧洲各国成为对外扩张最强盛时期。16 世纪，当属欧洲强国的葡萄牙殖民者入侵马六甲王国开始，就标志着欧洲列强开始对东南亚各国的殖民统治。而法国的侵略目标是当时被称为印度支那三国的越南、柬埔寨和老挝。

早在越南南北朝动荡时期，1686 年法国东印度公司股东韦利就建议公司设法夺取这个地区。但由于法国政治形势的变化，法国资产阶级革命尚未成功，暂时搁置了这个殖民计划。其中阮朝由于新皇帝登基改变了过去一些对法国有利政策，且关闭所有港口，中断了与西方国家的交易活动。

1858 年，法西联合舰队共战舰 14 艘，约 3000 士兵来到越南岘港炮台，并派遣部队登录，标志着法国对越南（包括柬埔寨、老挝在内）的所谓印度支那三国侵略的开始。1862 年，法国迫使越南阮朝政府签订了《西贡条约》，割让 6 省土地。之后，越南政府与法国签订《顺化条约》，承认法国为越南保护国。至此，越南沦为法国殖民地。

越南在法国侵略者占领下，社会主体发生了巨大变化。由当地民族组成的封建制国家转化为殖民者统治下的殖民国家。法国在越南设立了总督制，不仅对越南，而是包括柬埔寨、老挝在内的法国殖民地进行联合统治，成立了所谓的法属印度支那联邦。在交趾支那的直辖领地，废除了阮朝原有的政府机构，设立副总督为首的法国殖民政权。

为了巩固法国殖民统治，殖民者在越南成立了所谓的"红带兵"，隶属于殖民政府中央管辖；同时又成立所谓"蓝带兵"属地方管辖。法国殖民者利用这些准民间军事组织就是为其在越南获取资源和廉价商品提供保障。

法国殖民者占领越南后，并非像在自己国家那样，利用近代工业的发展，来提高越南自身农业为主的生产结构，使其更容易向近代化迈进。而是维持了越南原有的经济结构、生产模式以及偏远地区近乎原始农业生产方式。法国殖民者并未对越南近代化带来多少进步，而是仅仅建立为法国殖民者掠夺资源、开拓法国商品市场而服务的社会经济制度。

法国殖民者对越南统治的方针是合一主义和国家垄断。将越南视为法国的一个省，法国殖民者对越南原有的税收制度进行改革，全部用金纳税。原有的人头税因法国殖民者认为对他们有利，便留存下来，并依照这个制度对越南人民征税。对土地进行重新丈量，向拥有土地的人们征收更高的税收。税收制度也非常严苛且征税范围更加广泛。如耕地税、个人税，商店需缴纳营业税，农户要缴纳农业税，人头税和盐税也开始广泛征收，甚至在连鸦片和赌场都开始征税。法国殖民者在越南肆意掠夺，包括一些土地也成为法国殖民者的财产。

2.2 殖民地时期对越南经济的掠夺

法国殖民时期，由于经济制度并未得到改变，经济也是按照法国殖民者需求的方向发展，越南经济主要是为法国殖民者服务。法国殖民者对越南投入大量资金，目的是掠夺式开发。法国从1888—1930年，共向越南投资约55亿法郎，对越南的采矿业、农业等进行掠夺式开发。为了更多地掠夺越南经济利益，在交通、商业、加工业方面也积极投入资金，对与法国国内需求息息相关的行业进行投资开发。

从宗主国的角度出发，强调越南是商品市场和原料产地，保障法国商品的倾销和对法国需求的供给。因而对越南开发主要集中在采矿业、交通业以及农业和商业开发。采矿业是为了法国对越南资源的获取；交通业是为了运送这些资源和商品；农业则是开垦大量土地，生产橡胶、种植咖啡、茶叶等，将这些农产品运送到法国，成为法国殖民者主要提供地区①。但却并未将法国先进的生产技术引进来，因而这类产业其自身发展非常缓慢，且经济制度也没有发生根本性改变。所谓工业化发展，也仅仅是为了将这个市场变成法国产品的消费市场。

法国殖民者为了更加便利地掠夺矿产资源，对越南进行大规模开发。从1899年339处矿产资源勘察区到1911年2331处，

---

① 梁志明主编：《殖民主义史（东南亚卷）》，北京大学出版社，第325页。

22 年时间增加了近 7 倍①。法国殖民者将这些矿产资源源源不断地运往法国。法国公司 1889 年在土伦港开采煤矿，1910 年在太原、1915 年在原光、1916 年在东潮、1917 年在长白等，煤矿产量不断增加，由 1899 年 26 万吨迅速增长到 1913 年的 50 万吨②。除煤炭外，金属矿产资源也大规模开发，如高平省的锡矿、太远等省的锌矿以及银山的银矿等。而这种开发是以获取原料为主的开发方式，它不仅不能对越南工业发展起到作用，反而导致殖民者为了获取更大利润，舍弃引进先进的矿山设备，依靠越南廉价劳工以及相对落后的基础设施进行生产，越南工业基础并未得到发展。

殖民者为了获取更多农产品，对土地开发也非常热衷。通过租借、廉价拍卖等方式获得了大量越南土地。1890 年，法国殖民者获得越南土地为 10900 公顷，到了 1930 年则高达 120 万公顷。40 年间增加了 110 倍。法国殖民者对农业并没有进行技术投入，而是利用廉价劳动力和原始耕种方式获取产品。法国殖民者主要从掠夺的土地上获取稻谷、橡胶、咖啡、茶叶、甘蔗、椰子、胡椒等农产品。特别是第一次世界大战后，对橡胶的需求不断增加，使得法国在越南的橡胶开发不断扩大。

如图 2 - 1 所示，如前文所述，柬埔寨和越南都是法国殖民者统治着的印度支那三国，统计数据无法区别国家，但从数据

---

① 魏达志编著：《东盟十国经济发展史》，海天出版社，2010 年 4 月，第 404 页。

② 魏达志编著：《东盟十国经济发展史》，海天出版社，2010 年 4 月，第 404 页。

我们看到，天然橡胶的产量从 1937 年开始产量一直都处在增加的态势中。1940 年由于日本入侵，对产量有所影响，但之后则开始不断增加，直至 1945 年急剧减少。原因尚不清楚，但可以推断，由于日本、法国对越南资源不断盘剥，战争影响所致。

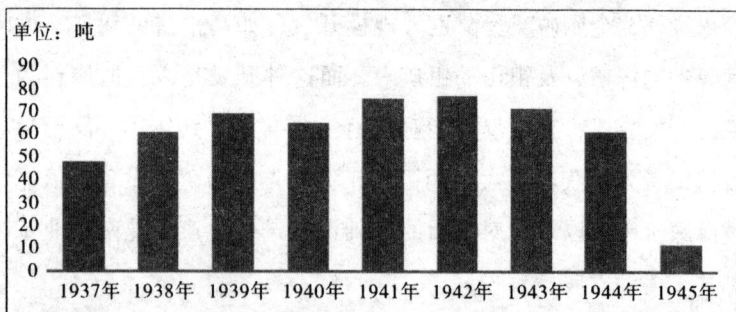

单位：吨

图 2 - 1　1937—1945 年 南越、柬埔寨天然橡胶产量

数据出处：《东南亚经济资料汇编》，1959 年 3 月，中国知网（cnki. net）。

法国殖民者非常重视大米生产，为此在越南设立了种子实验室、中央大米局等行政机构①，为的是更多更好地生产大米并将产品送回法国。但为了阻止当地工业技术得到提高，不允许当地人参加大米精加工。很多工业部门也不允许越南人参与，其目的就是为了阻止越南完成工业革命，不会造成统治者社会动荡，也不用培养新的工人阶级队伍，这对于法国殖民者来说是非常有利的。

1934—1938 年，越南稻米产量共计 550 万吨，随着战事不断扩大，粮食产量在不断减少。1940 年日本入侵，越南沦为法

---

① 日本亚洲历史资料中心国立公文书馆アジア历史资料センター（archives. go. jp）。

日两国共同的殖民地，经济上剥削更加深重。日本为了提高军需品麻黄的产量，强迫农民把稻田改种麻黄，但对大米的掠夺从未停止。1940—1943 年，日本从越南掠夺大米共计 305 万吨。在掠夺年年成倍增加以及大米产量减少的状况下，越南出现了严重饥荒，饿死约 200 万人①。

第 3 节　第二次世界大战后及统一后的国家建设

3.1　二战后南北越的经济特点

二次世界大战最后一年，法国殖民者虽然短暂被日本侵略者驱赶，但二战胜利后，法国作为战胜国重新开始占领越南，并以法国海外领土的名义在印度支那（越南、老挝、柬埔寨）建立"法兰西联邦"。以胡志明为主席的越南民族解放委员会，在所谓欧美同盟军进入之前，在北方开始了民族解放斗争，先是攻克太原，后又攻克河内，使阮朝傀儡皇帝被迫退位，民族解放委员会宣布独立。在这种形势下，由于南方地区是法国控制地区，北方是越南民主共和国，实际上形成了南北对峙的两个国家。

法国政府妄图重建在越南的殖民地，但也陷入了越南独立

---

① 徐邵丽，利国，张训常编著：《越南》，社会科学文献出版社，2009 年 1 月，第 186 页。

战争之中，无法完成其占领领土、重建法兰西联邦目的。1954年，法国不得不同意在日内瓦签订停战协议。但当时国际大环境下是东西冷战时期，战后以美国为首的西方资本主义国家与苏联为首的社会主义国家间的对立，对东南亚国家独立运动也造成了重大影响。美国为了不让胡志明为首的社会主义国家统一越南，在法国撤离后开始积极扶持越南南方政权，不但派遣军事顾问，还对越南进行了 180 亿美元的大规模军事援助。1960年代，美国更是直接派出 23000 人军队入侵越南，越南南方政权开始攻击北方的越南民主共和国。

1954 年《日内瓦协议》后，法国逐渐退出越南却迎来了美国对越南的占领。美国根据冷战战略，在越南南方培植亲美南越政权。南越政府首先开展"田地改革"，这恐怕与美国战后占领日本后对日本实施"土地改革"获得巨大成功有较大关联性，不仅改革是在美国政府指导下进行，而且方法上与美国在日本实施方法非常近似，都是通过从地主手中收回土地，再分配给农民。地主土地所有量也有了上限，最多不能超过 100 公顷。承租这些土地佃农有优先购买权。但这些政策势将受到地主的抵抗，土地改革计划基本搁浅。

1970 年，新上任的阮文绍政府再一次颁布法令，将地主拥有土地的上限由 100 公顷降低到 15 公顷，而在中部则不能超过 5 公顷。并将部分土地无偿分给农户，才使得由美国政府主导的"土地改革"措施得以完成。在美国政府的支持下，南越开始推行"农业更新化"。1968—1974 年，南越进口欧美拖拉机、联合收割机、抽水机等各类农业机械约 18.6 万部[①]。因此越南南方的农业发展较快。大米亩产单产比越南北方 256.2 公斤多近 100公斤。如下图 3 - 1 所示，战后越南稻米产量在不断升高。根据数据来源说明 1954 年以后才开始不包括北越地区产量。但从数据的推移看，应当是从 1950 年开始北越的产量未计算在内更符合上述产量走势。

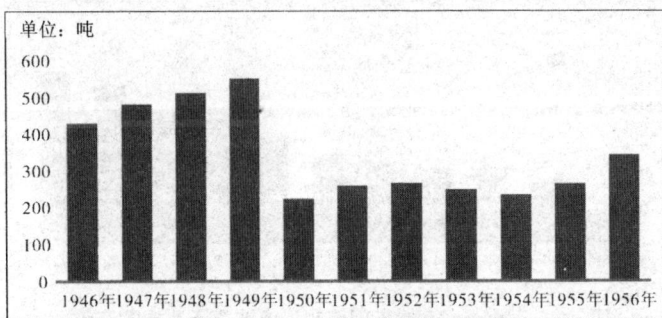

图 3 - 1　1946—1956 年越南稻米产量

数据出处：《1958 年东南亚国家经济统计资料》，1959 年 3 月，中国知网（cnki. net）。

再看天然橡胶产量，我们注意到，法国殖民者为了不断获取资源，对天然橡胶种植恢复较快。如图 3 - 2 所示，依然是南越、柬埔寨天然橡胶的总产量，从数据我们看到，产量在 10 年间增加速度较快，1953 年已基本恢复到战前 7.3 万吨水平，而到了 1956 年总产量达到 10.2 万吨，远远超出战前最高产量的7.74 万吨。

――――――――――

①　覃主元等著：《战后东南亚经济史（1945—2005）》，民族出版社，2007 年 6 月，第 354 页。

由于法美对越南长期统治，为了维护统治阶级的利益，他们在工业发展方面依然采取不发展重工业的策略，企业以饮料、食品、纺织、香烟、服装类等轻工业产品为主，且占工业产值90%以上。机械冶金等重工业仅占产值的6%左右，而这也是为了轻工业发展为基础的重工业的补充。这类轻工业很多行业都是垄断行业，且外资企业较多，民族工业收到严重打击。

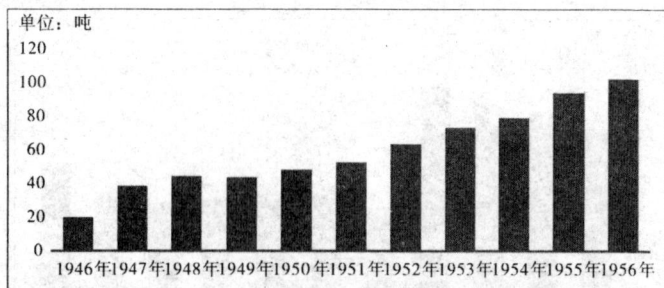

图 3 - 2 1946—1956 年间南越、柬埔寨天然橡胶产量

数据出处：《1958 年东南亚国家经济统计资料》，1959 年 3 月，中国知网（cnki. net）。

南越主要贸易伙伴是美国、西欧等国家。因此对外贸易也主要依靠这些国家。贸易逆差现象严重，甚至高达进出口贸易总额的80.57%。进口商品也是以消费品为主，在金融上更是依赖以美国为首的西方国家对其金融领域的蚕食。从上述特点看，美国对越南西贡政权的扶持，主要目的与当年法国侵略越南没有多大区别，所不同的是这类"新殖民主义"者的表现形态是承认其殖民国家形式上的独立。

而越南北方的社会主义共和国，1954 年抗法战争结束后，经济几乎处于瘫痪状态。法国撤出越南后马上着手开展经济恢复建设工作。但由于美国新殖民主义者的入侵，越南民主共和国政府一边抗击美国侵略者，一边积极建设自己的家园。但由于战争的缘故，经济发展受到极大限制。即使如此，越南北方政权为了更好地发展经济，开展土地改革运动，将土地交到农民手中。消灭了封建剥削制度，发展集体生产，为农民解决困难。同时没收殖民统治者的财产，成立社会主义国家的经济制度。1947年，越南北方成立了国营工业企业，1951年成立越南国家银行，并禁止使用印度支那银行发行的纸币。抗法时期，由于北方政权主要任务是与法国侵略者进行战斗，对经济体制尚未开展系统化的设计和实施，因此这一时期越南北方经济形态还不能称之为社会主义经济体制，仅仅是发展的初期阶段。但为了能够获取武器，北方政权开始建立一些分散隐蔽的国防工业体系。

由于大批法资企业撤离，国营经济非常薄弱，民族资本尚未形成规模，很多小手工业企业停止生产，市场消费品极度缺乏，商品流通受阻且城市出现大量失业者①。以胡志明为首的越南劳动党（当时）通过对私营工商业改造，以和平赎买的方式成立公私合营合作企业，迅速投入生产满足人民生活的需求。到1960年，上述社会主义改造基本完成。1965年，北越工业总产值已达到27.61越南盾，与1960年相比增加了89.36%，经济有了较快增长。

1965年美国直接出兵越南后，北越社会主义国家主要投入了民族解放战争。美国对北越展开大规模空袭，许多基础设施被炸毁，大量国营企业被破坏。在此背景下，北越政府只好压

---

① 覃主元等著：《战后东南亚经济史（1945—2005）》，民族出版社，2007年6月，第346页。

缩中央工业和重工业，大力发展农业和小手工业，发展地方经济为战争提供军需物品的同时，也在满足人民生活的需求方面做出了最大努力。

3.2 统一后越南经济的艰难历程

在越南南北方人民的共同抗击下，美国在越南不仅外交上不断失败，且军事上也没有取得任何胜利。包括美国及同盟国韩国，还有间接参加的日本、菲律宾等国，共投入 50 万兵力，最终以失败告终。1973 年不得不在法国签署了《巴黎协定》，撤出了兵力。但由于美国为了阻击越南北方对南方西贡当局的打击，仍然在越南留了 2.5 万军队。1975 年，越南北方军队发动春季攻势，不断打击南越伪军。1975 年 3 月底，随着美国军队全部撤出越南，标志着美国对越南的新殖民主义统治结束，越南终于开始走向统一的路程。1976 年 4 月 25 日，越南举行了统一的全国国民代表选举，成立越南社会主义共和国。越南也终于在统一的国家形态下，开始社会主义国家经济建设。

由于越南战争的影响，南方又有美国对南方经济发展的限制，南北方经济发展都在一定限度内发展，并未形成各自特点和规模。越南共产党于 1976 年 12 月召开越共四大，通过了越南社会主义经济建设的方针，按照苏联模式建立经济体制，并制定了 1976—1980 年第二个五年计划。但由于没有认真了解越南经济发展现状，以及南越在新殖民主义者长期占领下，经济体制和结构与北方相差甚远，两地重工业底子薄弱，轻工业受法国、美国影响较深，其产业结构升级面临较大困难。特别是农业经济水平较低，大规模增加粮食愿望难以实现。

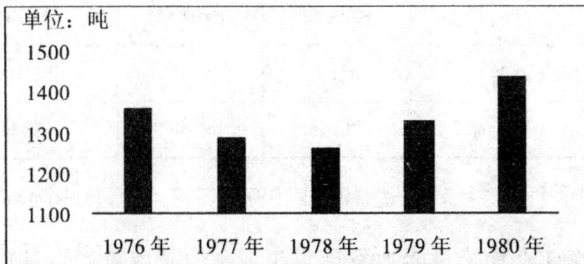

单位：吨

图 3 - 3　越南第二个五年计划粮食产量

如图 3 - 3 所示，越南统一后，农业发展并未朝着第二个五年计划所指定的方向发展。作为人民基本生活保障的粮食生产没有大的增长，再加上 1978 年后连续 3 年严重的天灾，粮食问题日益严重。再加上食品短缺，造成 300 万 5 岁以下儿童营养失调①。第二个五年计划所制定的目标是粮食总产量达到 2100 万吨，但直至 1980 年五年计划结束之年，越南粮食总产量才达到 1441 万吨，与目标距离较大。

表 6 - 1　1975—1985 年主要工业品产量

	1975 年	1980 年	1985 年
电（亿千瓦时）	24.3	38	50
煤（万吨）	520	520	530
钢（万吨）	6	6.2	6.4
拖拉机（万台）	NA	1600	1103

---

① 覃主元等著：《战后东南亚经济史（1945—2005）》，民族出版社，2007 年 6 月，第 359 页。

续表

	1975 年	1980 年	1985 年
水泥（万吨）	53.7	63.3	150
纺织品（百万米）	146	179	374

数据出处：《东南亚经济资料汇编》，1959 年 3 月，中国知网（cnki. net）。

　　苏联工业模式是大力发展重工业，但越南重工业基础非常薄弱，轻工业由于法美新老殖民主义者限制发展，越南总体工业发展水平较低，工业发展较为缓慢。如表 6 - 1 所示，1975—1985 年的革新开放前，整个工业产品产量并没有多少增加，虽然电力总容量增加一倍之外，煤炭生产以及钢产量 10 年间几乎没有增加。工农业生产最重要机械设备拖拉机，不但产量没有增加，反而减少近 500 台。根据《东南亚经济资料汇编》数据我们了解到，当初国民经济核算"国民收入部门构成比"中，工业部门 1975 年占比是 24.0%，1985 年为 28.2%，而农林业所占比重由 1975 年的 46.8%上升到 1985 年 51.4%，从现代经济学产业机构观点看，属于产业机构不太合理的表现，而作为第三产业商业、物资技术供应采购部门则没有发生变化，1975 年和 1985 年所占比例相同，都是 13.5%[1]。

　　由于越南统一后实施的第二个五年计划不仅没能实现所设定目标，甚至有些距离目标较远。越南政府于 1979 年 9 月召开越共四届六中全会，对过去实行的经济政策进行调整，提出了

----

　　[1]　数据参照《东南亚经济资料汇编》，1959 年 3 月，中国知网（cnki. net）。

"促进生产、稳定和保证人民生活"的方针。农业上也开始生产承包实验。工业上进行政策调整，放慢社会主义改造，承认私营企业的存在，大力发展消费品生产。并鼓励企业自筹资金、自找物资原材料等，很大程度上给予企业自主权，企业开展生产销售的积极性不断提高。

革新开放前 10 年，越南不仅在经济政策方面出现了较大的问题，经历了第二个五年计划的失败和新经济政策的实施。虽然在一定程度上纠正了较为激进的全盘实施苏联经济体制，但总体上并未改变过去的经济建设方针。在对外关系方面也做出了错误的决定。时任越南共产党领导人黎笋不顾国际国内形势的变化，1978 年悍然侵略柬埔寨，同时对老挝政权横加干预，在中国边境不断骚扰，大规模驱赶华侨。我国不得不进行自卫还击，原本就千疮百孔的经济状况，1979 年越南财政支出的 47% 都投给了军费，对国家经济是一个沉重的打击，更阻碍了越南经济发展。

第 4 节　越南革新开放及中越经济交流

4.1　社会主义的革新开放政策制定

1986 年 12 月，越共召开"六大"，总结了 10 年来经济工作经验教训，明确提出了革新路线。越共六大也是越南经济发展的转折点。虽然 1980 年后开始对经济失败政策有所检讨，也放宽了部分企业的自主权的实验，但还未从根本上确立是否对现有政策进行改革，建立一套较为稳定的经济发展政策。但当时作为越共学习的苏联和东欧国家，却掀起了一股改革浪潮，我国从 1978 年开始的改革开放政策已经持续一段时间，并取得了较大的成绩。

越共"六大"上，黎笋后的越共领导人深刻检讨和彻底清算了过去 10 年经济政策的失误，也彻底否定了这一时期的经济政策。认为只有革新才能促使越南经济形势发生转变，并认为"现阶段的首要任务是推行那些能直接改善人民生活并使社会安定的经济措施"。要打破僵化的经济体制，打开国门积极发展对外经济贸易关系，加快引进外资，建立全方位、多样化的对外经贸合作关系，实现本国经济国际化。我们可以看到，当时越共领导人充分认识到 20 世纪 80 年代如火如荼展开的全球化，对世界经济发展起到非常重要的影响，越共也适时把握住了机会，开始全面的革新开放。

没有越南革新开放，就没有今天越南经济发展。越共首先从经济体制上确立越南处在社会主义过渡时期的初级阶段，且要经历一个长时间的过渡阶段。越共"七大"又提出了过渡时期的建国纲领，其主要特征为：由劳动人民当家作主；有以现代生产力和主要生产资料公有制为基础的高度发达的经济；有民族色彩浓厚的先进文化；人民从压迫、剥削和不公正中解放出来，按能力工作，按劳动分配，有温饱、自由、幸福生活，有个人全面发展的自由；国内各民族平等、团结、相互帮助、共同进步；同世界各国人民保持友好合作关系①。这是经历第二次世界大战后独立运动，又同新殖民主义者艰苦卓绝的斗争后，终于统一了越南社会主义共和国。越南在共和国建设道路上遇到各种各样的问题，最终找到了与国家建设相符的道路。也是现代越南经济发展最重要的制度保证。

其次，越共在经济政策方面允许多种经济成分并存，国营、集体、个体和私人资本以及国家资本都是越南经济发展的重要组成部分，但要确保国营经济占主要地位。在分配上也允许多种方式并存，可根据生产、经营贡献的多少进行分配，承认各种形式的雇佣关系长期存在。但为了维护社会公平，政府要积极扶贫缩小地区差距。

第三，积极引入股份公司的形式对国营企业进行改革，国营公司中允许有民营资本、本国或外国资本的投入，形成实际意义上的"合资企业"，目的是加强国有企业在国内外市场的竞争优势。承认市场机制的作用，但要区分与资本主义国家市场机制的不同，各种所有制成分存在的同时，公有制则起着主导作用。在群众中改变"富有就是资本主义"的观念，让人民群众努力工作积极建设国家，过上富裕日子。

通过上述经济政策的制定，开放的经济制度为基础，越南人民在经济活动中减少了很多限制，也从平均主义思想中解放出来，开始从经济利益出发，参入到越南经济建设中。

---

① 徐邵丽，利国，张训常编著：《越南》，社会科学文献出版社，2009年1月，第189页。

4.2 革新开放后越南经济的飞速发展

1986 年开始革新开发放，中国改革开放有着较为相似的路径，首先是从农业革新开始。在苏联经济模式状态下，农业发展采取集体化道路。如前文所述，越南在"二五"计划时期已经开始实行农村土地承包制度，但这种承包是短期承包，严重影响了农民生产积极性。1988 年 4 月，越共做出了"关于改革农业生产承包制"的第 10 号决议，明确承包土地 15 年不变；农民有自由经营权；提高农民承包收入比重政策。这些措施极大提高了农民生产积极性。1993 年，越南国会进一步通过了《土地法》，规定农民土地可以转让、交换、租赁、继承和抵押，基本上实现了土地成为农民生产资料的同时也是主要财产。在这种情况下，越南改变了粮食增速较缓的情况，1989 年突破2000 万吨大关，一跃升为世界第二大大米出口国。

在国有企业革新方面，积极推进股份化进程，将"官僚集中统包制"变为以法律、计划、政策和经济杠杆进行管理的市场机制。1993 年，越南国会还通过《国有企业破产法》，对国有企业在市场经济机制下运作，接受市场检验而非官方检验上向前跃进一大步，对企业市场经营提供了法律保障。在上述机制不断健全的背景下，越南国有企业革新不断深入。政府大力发展私营企业。1993 年，越南已有 37 万多个个体作坊和私人企业，每年私营企业投资不断增加，出现了一批较大规模的私营企业。在此基础上，国营企业数量不断减少。而国营企业在市场机制的检验下不断发展，数量减少但工业总产值占比不断增加，稳定了越南社会主义制度下市场机制的特点，国有企业产值增加为社会主义建设提供了经济保障。

在向市场经济体制的转换过程中，重要的内容就是实行价格自由化。越南政府除了水电、石油、化肥和农药由国家定价外，其他商品完全由市场调节。在金融领域，为了抑制通货膨胀，利用宏观经济对市场的调节作用，在货币政策方面采取大幅提高银行存款利率，合理确定越南盾与美元的汇率，并在1991年实现货币自由兑换。采取严格控制货币发行措施，不是根据政府收支情况和财政赤字的需要而定，而是根据流通需求发行货币。在商业方面，允许私人经商和国营商店竞争，促进市场商品自由流通①。

在对外贸易方面，开始全面革新过去的贸易体制，打破中央垄断经营局面，鼓励个人对外经营商品。简化办理进出口手续，降低部分产品关税。越南为了改善国际环境，积极与东盟展开磋商，为尽快加入东盟组织做出较大努力。1995年7月，越南正式成为东盟组织成员国，在经济交流、投资以及区域一体化发展进程中获得较大收益。作为东盟成员国，在对外经济交往中不仅拥有成员国相同的互惠政策，根据区域组织力量与他国贸易交往中有了较大的主动性。

① 覃主元等著：《战后东南亚经济史（1945—2005）》，民族出版社，2007年6月，第378页。

表 6 - 2   2018—2020 年越南经济发展规模

内容　　　　年度	2018 年	2019 年	2020 年
GDP 增长率（%）	7.1	7.0	2.9
人均 GDP（美元）	2,570	2,715	2,777
外汇储备（100 万美元）	55868	78810	95452
消费者物价指数（%）	3.5	2.8	3.2
失业率（%）	3.1	3.1	NA
进出口总额（100 万美元）	480566	517660	544066
出口总额（100 万美元）	243697	264267	281493
进口总额（100 万美元）	236869	253393	262573

数据出处：日本贸易振兴机构官网基本统计ジェトロ（jetro.go.jp）。

在国内积极整备对外贸易环境。首先在 1987 年通过了第一部《外国在越南投资法》，对外国投资组织在越南投资的权利、义务及投资方式等方面进行了法律规范，建立有法可依的制度环境。其次在胡志明市的新顺、岘港市等地建设出口加工区，为吸引加工企业在越南投资提供场地保障。对外商投资后并不全部出口，而是内销越南的企业又建设了工业园区。这类工业园区建设对越南工业发展、产业结构升级起到了较大作用。经过多年发展，工业增加值占 GDP 的百分比从 1986 年 27.35% 上升到 2020 年 33.72%。工业水平不断上升，经济结构不断向合理化方向前行。虽然世界银行对越南收入水平评价是"中低等收入国家",但其发展态势良好,在东盟国家中有着较大影响力。由于越共在革新后一直专注经济建设,经济状况不断改善,越南人口从革新时期的 6229.38 万,到 2019 年增加到 9646.2 万,增加了 3416.8 万,人均国民收入(GNI)由 1991 年 110 美元增加到 2019 年的 2590 美元①。

根据表 6-2,从 2018—2020 年的发展数据来看,虽然 2020 年新冠疫情对世界经济造成重大冲击,但越南 GDP 仍然保持 2.9% 的正增长。人均 GDP 已达到 2777 美元,外汇储备 954.52 亿美元。进出口总额不断增长,2020 年进出口总额已达 544.66 亿美元,较 2019 年上涨 4.85%。

越南经济发展虽然有了长足进展,但目前仍面临着一些重大的问题。由于工业基础在殖民者占领时期并未得到较好的发展,其工业发展仍处在较低水平,企业规模较小,竞争力较差。虽然加工业近几年得到长足发展,但仍未完全摆脱劳动密集型为主的工业体系。缺乏高附加值产品生产能力,在国际产业链体系中处在较为低端的水平。因而经济发展对外依赖性较强。再加上经济规模较小,政府对基础设施建设较为落后,严重阻碍了产品流通的发展。如上述硬件方面存在差距之外,社会环境及教育等软件方面也与东南亚一些国家有着一定距离,因此越南经济发展仍然面临很多需要解决的问题。

---

① 数据参照世界银行越南国家数据,越南 | Data(worldbank.org.cn)。

4.3 中越经济贸易关系发展

越南与中国一直以来都是友好邻邦，陆地边界为1430公里。公元10世纪尚未独立前，两国间经济交往非常频繁。即使独立后，依然以朝贡国形式与中国有着非常多的交往。1883—1885年清朝为了阻止法国侵略越南，同时也为了防止法国入侵中国进行了一场交战。美国入侵越南后，新中国为了边疆的安全也开展了援越战争，从军事上、经济上也对越南给予了非常重要的支持。当时新中国也处在较为艰难的社会主义建设时期，在此背景下依然对越南实施以援手，给予非常大的帮助。1976年越南统一后开始了经济建设，中国对越南开展大规模的经济技术援助，且是当时越南最大的援助国。但由于黎笋集团掀起大规模反华浪潮，站在中国敌对的立场上，中国不得不撤出援助人员。直至1979年发生了"对越自卫反击战"，中国与越南短时间处在对立状态，不仅仅是经济交流，政治、外交方面的交流也几乎停顿。1991年中越两国发表联合公报，双方将在和平共处五项原则的基础上发展睦邻友好关系。至此，中国与越南的经济交往不断深入，规模不断扩大。

如表4-2所示，中越关系正常化以来两国经济交往急速增加。关系正常化之前，多数是靠边境小额贸易为主，一般贸易额相对较小。1991年，中越贸易总额达到0.32亿美元，中国对越出口总额达0.21亿美元、进口为0.11亿美元。虽然总额较少，但相比上一年度增加了340.0%，出口总额增加了454.1%，进口增加了221.6%。足以说明短期对立限制了两国经济交流，一旦走向关系正常化，则会对两国经济交流促进较大。这之后，两国经济交流处于正常发展阶段，总体是增加态势。期间由于1997年亚洲金融危机爆发，对两国经济交流造成较大冲击，1998年进出口总额下降了13.3%，出口下降了4.6%，进口降幅较大为39.2%。1999年基本恢复正常，进口增长幅度较大为63.1%①。

表6-3 1991—2019年中国对越南贸易

单位：亿美元

	进出口总额	出口总额	进口总额
1991 年	0.32	0.21	0.11
1992 年	1.78	1.06	0.72
1993 年	3.98	2.76	1.22
1994 年	5.32	3.41	1.91
1995 年	10.52	7.20	3.32
1996 年	11.50	8.42	3.08
1997 年	14.35	10.78	3.57
1998 年	12.45	10.28	2.17
1999 年	13.18	9.64	3.54
2000 年	24.66	15.37	9.29
2001 年	28.15	18.04	10.11
2002 年	32.64	21.49	11.15
2003 年	46.34	31.78	14.56

———————————

① 数据参照国家统计局《中国统计年鉴》1992—2020各年度版数据整理。

续表

	进出口总额	出口总额	进口总额
2004 年	67. 40	42. 60	24. 80
2005 年	81. 96	56. 44	25. 52
2006 年	99. 51	74. 65	24. 86
2007 年	151. 15	119. 00	32. 15
2008 年	194. 65	151. 22	43. 43
2009 年	210. 48	163. 01	47. 47
2010 年	254. 00	190. 00	64. 00
2011 年	402. 10	290. 90	111. 20
2012 年	504. 40	342. 10	162. 30
2013 年	654. 78	485. 86	168. 92
2014 年	836. 36	637. 30	199. 06
2015 年	958. 49	660. 17	298. 32
2016 年	982. 76	611. 04	317. 72
2017 年	1219. 92	716. 73	503. 75
2018 年	1478. 33	838. 77	639. 56
2019 年	1619. 86	978. 69	641. 17

数据来源：国家统计局《中国统计年鉴》（1992—2020 年）各年度数据整理。

中国与越南贸易间有着较强的互补性。越南出口中国产品主要以煤炭、原油、铁矿石、药材以及农产品和食品等；中国出口越南产品主要有机械设备、石化产品、植物种子以及电子产品等。但近年由于越南非常重视技术密集型产业的发展，对技术密集型产业投入较大，因而与中国出口产品出现了相近的现象。如根据海关总署 2020 年 1—9 月份数据我们知道，中国对越南出口前五大商品分别为机电、音响设备机器零件、附件为363.2 亿美元，纺织原料及纺织制品为 102.9 亿美元，贱金属及其制品为 64.4 亿美元，塑料及其制品、橡胶及其制品为 34.9 亿美元；而越南对中国出口前五大商品分别为机电、音响设备及其零件、附件为 334.7 亿美元，纺织原料及其纺织制品为 30.2亿美元，鞋帽伞、羽毛品、人造花、人发品为 22.1 亿美元，塑料及其制品、橡胶及其制品为 16.5 亿美元，植物产品为 16.4 亿美元。从品目上看，前两种产品与中国完全相同，过去较多的煤炭等则没有进入前五名。

从广西、云南等边境地区我们可以了解到，中越两国边境小额贸易总量不断增加，特别是在广西东兴等地，每天有越南商贩进进出出，在东兴境内的市场上，有高达 80% 以上消费品都是从越南贩卖来的，说明两国边境小额贸易规模不断扩大。中越两国是一衣带水的邻邦，虽然有过短暂的冲突，但纵观历史，两国间一直都是友好相处，两国都有大量移民就说明两国交流非常深入，历史也源远流长。希望今后两国之间的领土争端问题，依靠两国人民的智慧最终会得到解决。

第7章　柬埔寨

柬埔寨王国，简称柬埔寨，古称高棉。柬埔寨位于中南半岛，西部及西北部与泰国接壤，东北部与老挝交界，东部及东南部与越南毗邻，南部则面向泰国湾。柬埔寨全国面积约18万平方公里，由1市24省组成，首都及最大城市为金边市，第二大城市为马德望。其首都的面积为376平方公里，人口约150万（2013年）。金边地处洞里萨河与湄公河交汇处，是柬埔寨政治、经济、文化和宗教中心。柬埔寨人口约1600万，其中高棉族占总人口的80%，华人华侨约有110万。

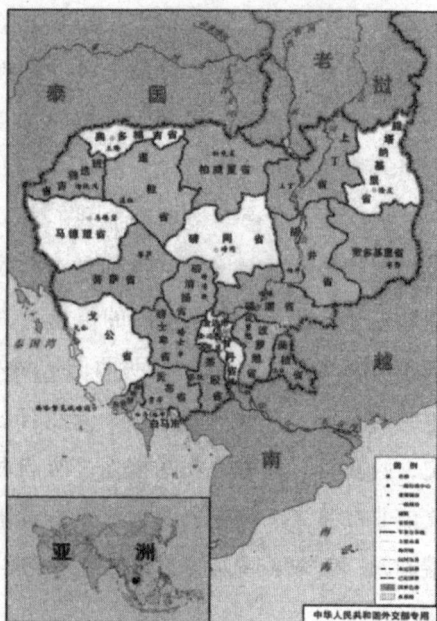

柬埔寨示意图

柬埔寨是传统的农业国，农业是其经济第一大支柱产业，全国农业人口占总人口的 85%，占全国劳动力 78%。柬埔寨的工业被看作是推动国内经济发展的支柱之一，其主要是以制农业和建筑业为主导，但是因为其基础薄弱且单一，所以主要还是依靠外援外资。此外，柬埔寨还大力推动旅游业以及对外贸易。①

第 1 节　古代时期柬埔寨的经济特征

1.1　新石器时期

在新石器时代，随着新石器文明的传入，柬埔寨地区的人民学会使用卵形石斧、扁石斧和矩形石斧等工具从事生产，人民使用石器并结合当地的原料制造陶瓷、生产纺织品、建造木屋等，且在木屋里雕刻出各式各样的图腾作为装饰。在这个时期，柬埔寨地区的民众不仅学会种植水稻，还尝试了种植其他农作物。

通过海外贸易，青铜器传入东南亚，也到达柬埔寨地区，当地进入金石并用时期，当时柬埔寨地区的居民还制作出了铁具。在器具的帮助下，柬埔寨地区的居民组成了社会，进行集体生活，从事生产活动，其不仅从事种植农作物、饲养家畜、狩猎、捕鱼等生产活动，同时也进行海外贸易，这也使得当地

---

① 数据来源：中国外交部，柬埔寨国家概况（2021 年 3 月更新）。

人们的生活水平有了很大的提高①。

1.2 扶南时期

公元 1 世纪，柬埔寨地区建立了第一个初期的国家即是扶南。扶南是一个奴隶制国家，古籍中记载的一种广泛存在于东南亚的"昆仑奴"，其中就有来自于扶南地区的奴隶。在扶南建国初期，虽然国家已进入奴隶制，但是所有制上，仍然保留着许多原始社会公有制的东西。随着社会的发展，扶南的原始公社制逐步被破坏和瓦解，财产私有制度逐步确立，这也标志着扶南步入了文明时代。

在此时期，扶南国力强盛，征服多个国家，称霸东南亚，并且建立了非常雄厚的经济基础。当时扶南的经济发展十分全面，各行各业发展状况良好。首先，扶南土地肥沃，气候温和，雨水充沛，这使得农业成为扶南的主要生产活动，发达的农业确保了扶南经济的繁荣、文化的发展以及国家的强大。其次，因为湄公河和洞里萨湖的渔业资源十分丰富，种类繁多，有不少居民以捕鱼为生，所以渔业是扶南非常重要的生产活动；再者，扶南的手工制造业也十分发达。据《南齐书》记载，"扶南人黠惠知巧"，由此可知扶南人双手灵巧，能制作出各种精致的手工制品。据《晋书》记载"食谈多以银为之"，就充分说明当时扶南金银制造十分出色。扶南盛产大象，使用象牙制成的工艺品久负盛名；最后，扶南的造船技术和航海技术也十分高

---

① 陈显泗著：《柬埔寨两千年史》，郑州：中州古籍出版社，1990年4月。

超。据中国史料记载，扶南制造的"昆仑舶"入水 60 尺，货物除外还能运载千余人。先进的造船技术和航海技术促使扶南的海外贸易十分发达，当时扶南与印度、罗马和波斯都有着频繁的贸易往来。①

在扶南的经济贸易中，以海外贸易最为突出。在古代东南亚地区，扶南发达的造船业和高超的航海技术，使其产品可以在各个地区之间进行交换，并且保持几个世纪的贸易强国地位。扶南这个国家的鼎盛发展得益于海上贸易的壮大，但伴随着海上贸易的衰落，扶南也随之开始没落。公元 7 世纪，扶南因为内部纷争不断、制海权丧失、诃陵②和室利佛逝不断强大、南海交通中心的南移等多个因素，逐渐走向衰落，最终被真腊取代。

1.3 吴哥时期

公元 7 世纪中叶，原本是扶南属国的真腊起兵反叛，最终成功征服扶南，并且将扶南变为真腊③属国。公元 7 世纪末叶，真腊国王刹利·质多斯那彻底消灭了扶南的残余势力，在刹利·质多斯那去世后，伊图那先继位为真腊国王。《隋书》中对此事有所记载："真腊国，在林邑西南，本扶南之属国也。其王姓刹利氏，名质多斯那。自其祖渐已强盛，至质多斯那遂兼扶

---

① 魏达志著：《东盟十国经济发展史》，深圳：海天出版社，2010 年 4 月。

② 诃陵：又称阇婆，与古泰、达鲁马同为印度尼西亚史上最早的王国之一。

③ 真腊：中南半岛的一个印度化国家，其中心地域位于柬埔寨。

南而有之。"公元8世纪初，真腊分裂为北方的陆真腊和南方的水真腊。公元8世纪末叶，水陆真腊俱被当时爪哇地区的夏连特拉王朝控制，成为其属国。

在此期间，真腊的经济状况并没有十分突出的表现，在农业、渔业、手工业、造船业等方面，真腊都继承了扶南的优良传统和技艺，虽然整体上有所改良和进步，却没有让人眼前一亮的改变。公元9世纪初，陆真腊和水真腊再次统一，又重新获得独立，并且建立了吴哥王朝。

公元9世纪初至13世纪，吴哥王朝的国王们先后大修水利，建立并完善了以蓄水池和水库为基础，以密集的排灌渠道为骨架的水利系统。雨季时，水利系统能够起到储水的作用；旱季时，水利系统则能够提供充足的居民用水和农田灌溉用水。在水利工程设施的帮助下，农业生产效率得到迅速提高，粮食的高产也得到了保证。

发达的农业促进了手工业的发展，吴哥王朝的人民不仅能够制造出耒、镰、锄等优良的农业工具，同时也制造出了牛车和马车等先进的交通工具。与此同时，发达的农业也催生了海水制盐、酿酒、织布等附属行业，从而经济得到了全面发展。再加上先进的造船技术和航海技术，海外贸易的扩大让吴哥王朝的经济发展再上一个台阶。当时吴哥王朝国力强盛，文化繁荣，经济发达，是东南亚地区最强大的国家。从目前发现的遗迹来看，吴哥王朝的王城恢弘磅礴，吴哥窟更是世界闻名，这也印证了吴哥王朝的强大实力。

13世纪后，吴哥王朝的国王们开始不重视经济发展，尤其是水利系统失修导致农业不断遭受打击，这也动摇了吴哥王朝的根基，再加上泰族诸王国的兴起，吴哥王朝逐渐走向衰落。

1.4 黑暗时期

1434 年，吴哥王朝舍弃吴哥城迁都金边，这也成为吴哥王朝由盛转衰的标志，柬埔寨地区开始进入黑暗时期。虽然当时的柬埔寨地区不断遭到侵略和蚕食，但是在 16 世纪期，柬埔寨地区曾出现短暂的繁荣，原因是建都于洞里萨湖以东南地区的湄公河沿岸的国王们，大力发展海外贸易。直到 1594 年新都洛韦被暹罗攻陷，这个国家再一次开始走向衰落。据考证，在我国的古籍记载中，真腊改名为柬埔寨，首次出现于《明史》中，其时间为 16 世纪末。从 16 世纪末开始，直到 19 世纪中叶，柬埔寨可以说是一蹶不振，成为了邻国的附属国。①

在这个时期，相比于东南亚其他国家，柬埔寨十分贫穷。柬埔寨的手工业、国内商业、对外贸易都不发达，国内交通不便利，土地蕴藏的宝石和贵金属也不多。此前作为吴哥时期经济支柱的农业，在这个时期仅仅能做到自给自足。当时土地经营规模很小，哪怕是高级官员，拥有的土地也很少。因为缺乏技术，缺乏水利工程，所以农民无法扩大种植和增加收成。据记载，越南明皇帝就曾说过："他们使用尖锄和宽锄，但不用牛。只能生产一天两顿吃的稻米，但不懂得如何储存大米以备急需。"

在 19 世纪初期，柬埔寨大致可以分为三类地区。第一类称

① 段立生著：《柬埔寨通史》，上海：上海社会科学院出版社，2019 年 1 月。

为"磅",马来语意为"码头"。"磅"位于通航河流的东边,通常会用栅栏围绕。"磅"会通过河流与其他地方联系,或者与它们周围稻作乡村联系,并且间接的与首都和宫廷联系。第二类是稻作乡村,它们围绕着"磅",呈不规则弧形。稻作乡村能够通过很多渠道与"磅"和外界联系,它们会用稻米和森林产品与"磅"交换金属、布和盐。第三类是分布在旷野之中的村庄,居住在里面的居民不认识字且通常不信奉佛教,主要以开发森林资源为生。[①]

第 2 节　古代与中国的经济交流

根据中国古籍的记载,扶南与中国有着往来不断的联系和交往,这种密切的联系与交往主要是构建在朝贡关系的基础之上,其中海上丝绸之路的发展也为两者之间的联系提供了必要的条件。海上丝绸之路是作为扶南古代文明的重要见证,同时也使扶南文明无法避免会受到中国文化的影响。中国与印度的经贸往来途中必经扶南,期间往来商人在扶南境内进行商品流通运转,中国和印度文化的不断碰撞产生了特有的扶南文明。海上丝绸之路是见证中国与扶南外交关系建立的开始。海上丝绸之路也印证了扶南古代文明的发展和发生,并保存了当时人

---

① 魏达志著:《东盟十国经济发展史》,深圳:海天出版社,2010年 4 月。

文经济发展的文献记录。

公元1世纪，汉朝政府便派遣使节前往印度，史上有名的汉使之行是从广西合浦港出发，乘船途径现今越南、柬埔寨，渡暹罗湾，继而步行穿过克拉地峡，再次乘船至印度。中国与扶南的正式交往是在公元84年，在《后汉书》中记载："中山王焉来朝。日南徼外蛮夷献生犀、白雉。"①其意思为扶南的首领曾向汉朝贡献过生犀、白雉，体现出两者之间保持着相对较紧密的朝贡关系。自公元84年开始一直到公元588年，在此期间，扶南共计派遣使者前来中国朝贡多达23次，是东南亚众多国家中与中国交往最为频繁和密切的国家之一。②

自汉朝以来直到唐朝，扶南被真腊所灭，期间约600—700年，扶南一直保持与中国有紧密的朝贡联系，因此，连接中国到海外的这条海上丝绸之路一直依旧通畅无阻。除了扶南定期向中国进贡外，中国也多次遣派使者出访扶南。由此可见，两国均对彼此之间的商贸关系十分重视。

公元6世纪隋朝时期，真腊的国名被记载于《隋书》，中国人在当时便已知道这个国家，并称其为真腊。真腊的创始者即是第一代国王，名为拔婆跋摩一世，约在公元550—600年间在位，其发动争夺扶南战争，致使扶南溃不成军，接连败退，但是并未灭国，仅其国土面积减少。扶南随后在618—626年以及627—649年依旧遣派使者向中国入朝进贡，两国依旧保持稳定

① 日南：中国古代的行政区划，现位于越南境内。
② 段立生著：《柬埔寨通史》，上海：上海社会科学院出版社，2019年1月。

的朝贡关系。真腊国第一代国王拔婆跋摩在公元550年发动兼并扶南战争，最后扶南被真腊兼并。在第一代国王拔婆跋摩去世后，由其弟弟摩诃因陀罗跋摩（其真名是质多斯那）即位，接管真腊国。在质多斯那死后，由其儿子伊奢那先在公元616遣使来访中国，当时的中国才得知是由拔婆跋摩发动兼并扶南战争，并最后攻夺扶南。

707—710年期间，真腊国分为水真腊和陆真腊，虽然真腊国被分裂，但水真腊和陆真腊同时都与中国保持和谐友好的关系，两国贡使往来中国接连不断。其中陆真腊和中国的关系更为密切，到访中国次数较多，所遣使节职位更高包括王子和副王均有到访。各国之间的朝贡关系都已经带有明确的目的性，首先是朝贡是为保证两国之间的政府贸易，特产方物的交换可以促进彼此间的经济的紧密联系；其次朝贡国从中受益更多；最后朝贡这种贸易方式是基于互利互惠的条件下进行的。水真腊与中国的交往逐渐减少是由于其出现内部战争，且在774—787年间被夏连特拉王朝不断攻打，随后被攻陷和控制。[1]

802—1432年，吴哥王朝经历了630年的时间，所任国王有25位，其中不乏具有雄才大略者，推动吴哥王朝走向鼎盛发展，并建立了举世瞩目的吴哥文明。柬埔寨优厚的生态环境，完善的农业设施，为农业的生产奠定了牢固的基础，繁荣的吴哥文明正是建立在日益发展的农业经济上。富庶的土产为柬埔寨的对外贸易提供了一定的物质基础，吴哥时期的柬埔寨对外贸易

---

① 陈显泗著：《柬埔寨两千年史》，郑州：中州古籍出版社，1990年4月。

十分繁荣，不仅与周边国家有着频繁的贸易往来，更与中国以朝贡贸易的方式保持着紧密的贸易交流。对外贸易的兴旺发达使得吴哥王朝发展日渐兴旺，并处于东南亚地区经济的领先位置，而吴哥文化亦在 9—15 世纪发展到达顶峰。

15 世纪，柬埔寨进入了晚期真腊时代，这个时期国力由盛转衰，内部纷争不断。1405—1433 年，明朝政府派郑和曾先后 7 次下西洋，把中国与东南亚、印度、欧洲和非洲之间的丝绸之路发展到了鼎盛时期，柬埔寨作为海上丝绸之路的重要转运站，从中获利巨大。据史料记载，郑和下西洋所带回中国货物共 185 种，包括香料29 种、药材 22 种、珍宝 23 种、五金 17 种、布帛 51 种、食品 3 种、木材 3 种、动物 21 种、颜料 8 种和杂品 8 种这些货物中，真腊产物占据一定比例。[①] 15—16 世纪，晚期的真腊在军事上受到暹罗和越南的不断干扰，其国力也渐渐变得衰微，但在经济方面，一直受益于海上丝绸之路，海上贸易得到了促进发展，获利颇丰。。

在 1432—1594 年间，真腊一直与中国维持频繁的朝贡贸易往来，真腊的土产获得出口到中国的机会，为其对外贸易做出铺垫，往来货物更多数不胜数。因此，通过丝绸之路开展的朝贡贸易，成为中国与他国之间一种互惠互利、合作共赢的贸易方式。除了政府间的朝贡往来外，民间贸易也得到推动发展，商品经济获得了较大的促进发展。随后 1594 年，暹罗纳黎萱王子的攻打矛头直指柬埔寨，在内忧外患的情况下国王及其王子出逃，真腊王室和民众被俘，真腊晚期的历史至此结束。

---

① 王更红：《从郑和下西洋话海上丝路的崛起》，人民网，2014 年 8 月22 日。

第 3 节　近代殖民的经济特点

3.1　西班牙对柬埔寨的干涉

16 世纪，西方势力东渐，西方殖民主义者以葡萄牙人和西班牙人最先到达柬埔寨。1555 年，葡萄牙修道士加斯巴·达·克鲁兹到达柬埔寨，想要传播宗教文化，但柬埔寨大多信奉佛教，修道士见此无法传播天主教后便离开。1583—1584 年，有两名来自葡萄牙的修道士来到柬埔寨，同样无法进行天主教的传播，其待遇与加斯巴·达·克鲁兹相同。但柬埔寨国王萨塔一世想与占领马六甲的葡萄牙人建立商业联系，便允许修道士西尔韦斯特雷·德·阿泽沃多留居柬埔寨，并允许天主教在柬埔寨的外籍人士中传播。

随着葡萄牙传教士在柬埔寨获得立足之地后，葡萄牙和西班牙的军人亦随之而来。在葡萄牙人迪奥戈·韦洛索的统领下，葡萄牙和西班牙的军人组成一支雇佣军，接受柬埔寨国王萨塔一世的雇佣，成为王宫中的禁卫军并负责守护王宫。柬埔寨国王萨塔一世想要与暹罗阿瑜托耶王朝进行对抗，便向控制马六甲海峡的葡萄牙人请求支持，但其想法最终无法实现。随后萨塔一世转而向占领马尼拉的西班牙人发出请求，派出迪奥戈·韦洛索去马尼拉求见西班牙总督，作为交换条件，柬埔寨境内允许西班牙人自由经商、传教并获得一些商业特权，同时，西班牙殖民者也有意向东南亚扩张，便向萨塔一世回信，但亦没有给出任何承诺。反而最后引狼入室，干预柬埔寨王位的争夺且引起柬埔寨民众的暴力反抗。在此阶段，柬埔寨的经济非但没有获得任何增长，经济、政治更是不稳定，在面对日趋衰败的混乱局势下，柬埔寨转而去寻求法国的庇护。

3.2　法国殖民统治时期柬埔寨的经济

19 世纪中叶，法国殖民者将触角伸向了饱受暹罗和越南摧残的柬埔寨。1863 年 4 月 12 日，《法柬条约》签订，法国成为了柬埔寨的保护国，直到 1953 年柬埔寨宣布独立，法国的殖民统治才宣告结束。在法国殖民统治的 90 年里，无论是政治方面和经济方面，还是文化方面，柬埔寨都受到了极其严重的打击。[1]

在此期间，法国殖民者全面垄断和控制着柬埔寨的经济命脉，柬埔寨成为了法国的原材料生产地和商品销售市场。尤其是在 1884 年，法国废除了柬埔寨不能自由买卖土地的制度，这也使得法国殖民者先后掠夺了柬埔寨大量的土地。在柬埔寨的土地上，法国殖民者主要是种植稻米和橡胶，1922 年，法国殖民者在柬埔寨建立了当时最大的橡胶种植园——朱普橡胶园。虽然法国殖民者控制着柬埔寨的农业，但是在先进的种植技术和经验的帮助下，柬埔寨的农业还是有了一定的发展。

除了农业之外，法国殖民者还控制了柬埔寨的工业、手工业、金融业、渔业、林业、进出口贸易、海关、货币发行、矿

---

[1]　魏达志著：《东盟十国经济发展史》，深圳：海天出版社，2010 年 4 月。

产资源和森林资源等。因此,当时柬埔寨的经济远远落后于同属于印度支那联邦的越南和老挝。当时的柬埔寨人民不仅要面对法国殖民者的剥削,还要面对王族、官僚、地主等上层阶级的剥削,完全可以说是生活在炼狱之中。

1941 年,日本攻占柬埔寨,从法国手上夺走统治权。二战结束后,日本投降,法国再次获得柬埔寨的统治权。虽说柬埔寨当时是法兰西联邦内的一个自治国,但其财政、军事、外交等全方面依旧由法国控制。

第 4 节　独立后的经济发展

4.1　西哈努克执政时期 (1953—1969 年)

1953 年 11 月 9 日,柬埔寨和法国在金边皇宫前举行权力移交仪式,柬埔寨正式摆脱法国的殖民统治宣告独立。柬埔寨独立初期,国内经济仍然保持着封建性和殖民性,法国资本依旧掌控着柬埔寨的经济命脉,而且美国假借"援助"的名义尝试从法国手中分一杯羹,这都极大地影响了柬埔寨的经济发展。当时的柬埔寨国王西哈努克意识到,国家想要强大,想要不被其他国家侵占,发展经济是重中之重。

为了全面发展柬埔寨的经济,柬埔寨政府从多个方面入手,制定且实施了一系列计划。1955 年,柬埔寨建立国家银行,并且独立发行本国货币瑞尔。1956 年,柬埔寨建立国家发展银行,专门用于掌控经济发展计划和储存外国援助基金，以及向中大型企业发放贷款。1956年，柬埔寨实施两年计划，旨在恢复殖民时期被破环的设施，初步建设社会、文化、经济和卫生等多个方面。1960年，柬埔寨实施第一个五年计划，旨在发展农业、加工工业和交通运输事业。第一个五年计划的投资总额为120亿瑞尔，由国家投资80亿瑞尔，包括外援25亿瑞尔，私人投资40亿瑞尔。

为了发展农业，柬埔寨政府大兴水利、培养技术人员、扩大耕种面积和发展化肥生产等，还在农村发展农村合作化运动，建立起多个生产和消费合作社。为了发展本国民族工业，柬埔寨政府出台一系列政策限制外国资本，大力扶持本国民族企业，鼓励私人投资创办私营企业，如果私人资金不足，政府会进行投资并成立公私合营企业。

在实施一系列经济措施后，柬埔寨的经济取得了一定的进步。在农业方面，耕种面积和产量都有了很大的提升。1949—1950年，柬埔寨稻谷的耕种面积为165.7万公顷，总产量为157.6万吨；到了1959—1960年，稻谷的耕种面积为215万公顷，产量为233.5万吨；到了1969—1970年，稻谷的耕种面积为207.4万公顷，总产量高达301.6万吨。在工业方面，私营企业发展十分迅速。1955年柬埔寨全国私营企业有254家，1962年增至1990家，1965年增至2700多家。1969年，柬埔寨全国小型工业企业共有3700多家。在交通运输方面，柬埔寨也有所发展。1968年，磅逊港全面竣工，这个港口可同时停泊4艘万吨级海轮。1969年，金边—磅逊铁路全线通车，这条铁路全长270公里，连接干丹、磅士卑、茶胶和贡布4省，是柬埔寨当时交通运输的大动脉。港口和铁路的修建，极大地促进了进出口贸易的发展。①

4.2 朗诺执政时期（1970—1974年）

1970年3月，朗诺和施里玛发动政变，宣布解除西哈努克国家元首的职务，朗诺集团获得控制柬埔寨的实权。1970年10月，朗诺集团废除柬埔寨此前的君主立宪制，成立"高棉共和国"。1975年4月，朗诺宣布辞去高棉共和国总统职务并逃离柬埔寨，朗诺政权宣告瓦解。

在朗诺集团执政的5年时间里，因为越南战争的战火蔓延到柬埔寨，所以柬埔寨的经济一落千丈。为了躲避战乱，大批农民从农村涌向城市，这也导致了大量农田无人耕种，大量橡胶园被破环，大量工厂停工。稻谷和橡胶产量急剧减少，致使进出口贸易也急剧减少。由于城市人口剧增，城市的商品需求增加，物价飞快上涨，通货膨胀严重，多个城市甚至出现了米荒。朗诺集团执政后期，柬埔寨的经济濒临崩溃。

4.3 民主柬埔寨时期（1975—1978年）

1975年4月，柬埔寨人民解放金边，朗诺政权被推翻。1976年1月，《民主柬埔寨宪法》颁布，君主制被废除，柬埔寨正式定国名为"民主柬埔寨"。同年4月，民主柬埔寨第一届人

---

① 魏达志著：《东盟十国经济发展史》，深圳：海天出版社，2010年4月。

民代表大会召开，乔森潘被选为国家主席。在乔森潘的带领下，民主柬埔寨确立了以农业为基础，发展轻工业，再发展重工业的经济路线。1975年至1977年，柬埔寨的经济有所恢复和发展。在农业方面，耕地面积和粮食产量持续上升。在工业方面，许多工厂恢复生产，产量也是持续上升。在交通运输方面，被破坏的铁路和公路相继修复，进出口贸易也因此得以恢复发展。

然而，民主柬埔寨推行绝对的公有制，强行搞合作化，取消货币和集市贸易，实行配给制，这也成为了"定时炸弹"。1978年，"炸弹"的爆炸，导致柬埔寨经济全方面严重下滑，再加上与越南开战，民主柬埔寨最终被越南击败。

第5节　独立后的对外经济关系

1950年，柬埔寨与泰国建交，两国十分重视发展双边关系，领导人经常互相访问。在建交初期，双方联合委员会主要就历史遗留的领土问题和边界争议进行磋商。最后双方签订《过境产品卫生检疫协议》《农业合作协议》《使用劳工备忘录》和《打击贩卖妇女儿童备忘录》等文件协议。最后，泰国同意继续为柬埔寨提供无偿的援助以及低息贷款，同时，帮助柬埔寨发展农业经济和基础设施的建设。

1958年7月，柬埔寨与中国建交，两国经贸关系获得了促进和发展。柬埔寨是中国周边友好国家，两国之间交往长达2000年，友谊十分深厚。1991年中柬两国签订《巴黎协议》

后，1993 年柬埔寨王国成立后，两国经贸合作得到全面的恢复和发展。1996 年 7 月，两国政府签署《贸易协定》和《投资保护协定》。

1990—2000 年 10 年期间，柬埔寨与越南的贸易量逐年增加。1990—1995 年间，柬埔寨从越南的进口额从 912 万美金上升至 9464 万美元，平均年增长率为 59.6%；在 1995—2000 年间，柬埔寨对越南进口金额从 9464 万美元攀升至 13272 万美元，年均增长为 7%。柬埔寨从越南进口的商品主要有燃油、蔬果、钢铁和肥料等。1990—1995 年，柬埔寨对越南的出口金额总量从 767 万美元提升至 2356 万美元，年均增长率为 25.1%，1995—2000 年出口金额从 2356 万美元增长至 3748 万美元，其年均增长率为 9.77%。柬埔寨对越南出口的商品是以木材、香烟、水产品及家电为主。[1]

1992—2001 年期间，中柬贸易额从 1295 万美元增加到 2.4 亿美元，其增长接近 20 倍。中国向柬埔寨出口的商品主要包括：纺织品、服装原料、机电产品、金属制品、非金属制品、钢铁、烟草、食品、纸品、医药品等。而中国从柬埔寨进口的商品主要有木材、木制品、橡胶及鱼类。中国是柬埔寨主要的贸易伙伴，也是其最大的援助国。[2]

同时，柬埔寨也相当重视与周边国家的关系发展，分别与周边国家取得稳定的发展关系，如新加坡、马来西亚等。1999

---

① 魏达志著：《东盟十国经济发展史》，深圳：海天出版社，2010年 4 月。

② 李树藩，王新著：《世界通览》，长春：吉林人民出版社，1998 年。

年 4 月 30 日，柬埔寨加入东盟，并成为东盟的成员国之一，积极参与东南亚地区的经贸活动，既能增加本国在组织中的存在感，增强国家之间的合作贸易，也能在东盟中获得一定的保护，提高国家自身安全。此外，柬埔寨加入东盟经济一体化进程和世贸组织，将在很大程度上促进柬埔寨的对外贸易发展。在 2003 年 9 月，世贸组织第五次召开会议，柬埔寨被接纳为世贸组织成员。

从整体的对外经济发展状况来看，柬埔寨对外经济依赖比较严重，对于进口商品的需求量较大，本土商品无法满足本国经济需求。柬埔寨的整体经济发展状况较为缓慢，技术加工基础薄弱和农业生产不够稳定发展，导致生产效率不高。柬埔寨在东南亚国家中属于落后国家，其投资环境相对较差，难以吸引外资的投入发展，因此，柬埔寨的经济发展在短期难以改变。

第8章 老 挝

老挝位于中南半岛北部，与中国、柬埔寨、越南、泰国、缅甸相毗邻，是中南半岛唯一的内陆国家。国土面积 23.68 万平方公里，人口总数约 723 万（2019年），其中华侨华人约 7 万。老挝分为 50 个民族，分属老泰语族系、孟—高棉语族系、苗—瑶语族系、汉—藏语族系，通用老挝语。人口最多的民族是老龙族，和中国傣族、泰国暹族、缅甸掸族同源。

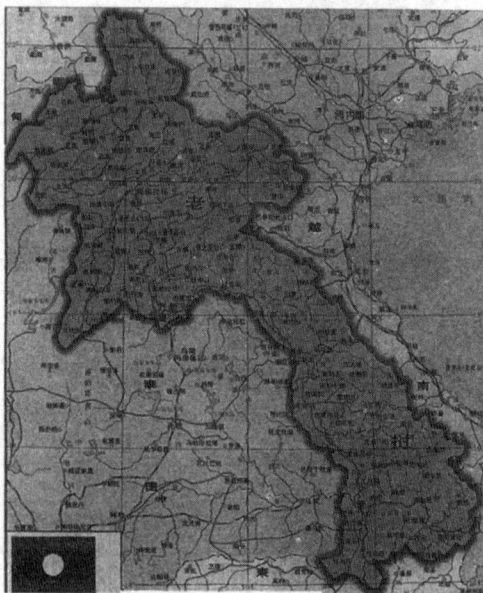

老挝示意图

国民多信奉佛教，老挝的文字从书写佛经的巴利文而来，与傣文、泰文大同小异。全国划分为 17 个省，1 个直辖市，首都万象位于湄公河畔①。老挝是一个多山的国家，境内80%为山地和高原，且多被森林覆盖，有"中南半岛屋脊"之称。北部边境与我国云南省滇西高原相接，地势从北向南逐渐降低，划分为三个地理区：上寮、中寮和下寮。发源于中国的湄公河是老挝最长的河流，自我国云南省流入老挝境内，并流经首都万象。老挝地处热带，雨量充沛，植物繁茂，盛产木材、矿藏，自然资源极其丰富。

第1节　古代老挝的经济特征

因缺乏史料，学术界对14世纪前的老挝历史无法描绘出一个较为清晰的轮廓，但通常认为早期在现今老挝疆域曾出现过一些邦国，比如在中国史籍中出现过的"道明""文单""陆真腊"等部落联盟或小国，后来又经历了澜沧王国大一统、三国分立、外族占领、老挝王国几个时期，才到今天的老挝人民民主共和国时代。

据《三国志》记载，公元3世纪左右，老挝北部曾出现一个叫做堂明②的国家："（吕）岱既定交州，复进讨九真，斩获以万数。又遣从事南宣国化，暨徼外扶南、林邑、堂明诸王，各遣使奉贡。权嘉其功，进拜镇南将军。"《旧唐书·真腊传》

---

① 老挝国家概况，中华人民共和国外交部网站，2020年5月。
② 堂明：古国名，故地在今老挝中、上寮。

载："南方人谓真腊国为吉蔑国。自神龙以后，真腊分为二：半以南近海多陂泽处，谓之水真腊；半以北多山阜，谓之陆真腊，亦谓之文单国。"水真腊的地理位置大体在今柬埔寨，陆真腊（即文单）的领土范围与今老挝大体一致，公元9世纪，水真腊和陆真腊合二为一，仍称作真腊。此时，柬埔寨吴哥王朝已经兴起，真腊被划入到柬埔寨的统治版图，直到1353年澜沧王国建立前，老挝大部分地区都在柬埔寨的统辖之下。另外，据《新唐书》记载："道明者，亦（文单）属国，无衣服，见衣服者共笑之。无盐铁，以竹弩射鸟兽自给。"从这条记载看，直到唐代，老挝境内的道明国社会经济水平仍非常落后，衣不蔽体，没有制盐和冶铁业，也没有金属工具，仍然用竹子做的弓箭狩猎。在1353年以前，老挝的川圹、南塔、桑怒等地还出现过一些小的城邦。

1353年，法昂王建立澜沧王国（1353—1707年），定都川铜（今琅勃拉邦），这是老挝历史上第一个统一的多民族国家，这段时期也被认为是古代老挝最光辉的历史时期。澜沧王国建立后，设置6个"垦孟"（khean Muang，相当于行政区），下设"匡孟"（Kheng Muang，相当于省）和"孟"（Muang，相当于县），并在重要关隘设立"孟拦"，任命了各级、各地"昭孟"（相当于地区首领），实行领土分封制，初步确立了一套封建统治制度[1]。1357年，法昂王向柬埔寨聘请高僧，弘扬小乘佛教，并从高棉请来各种手工业匠人修建佛寺佛塔，雕塑佛像。法昂王执政期间，澜沧王国军队强大，威名远扬，在中南半岛上极

---

① 蔡文（木丛）. 澜沧王国的兴衰［J］. 东南亚研究，1989。

富影响力。

　　1373 年，法昂王的儿子温蒙即位，开始了澜沧王国史上有名的三仟泰王朝（又称作桑森泰王朝）。据历史资料记载，温蒙于 1377 年进行了一次人口普查，彼时老族壮丁有 30 万人，伕族壮丁 40 万人。温蒙在位期间，明确划分出贵族、平民、奴隶 3 个等级，贵族可以世袭，有一定的行政职务，平民包括农民、商人和工匠。除此之外，还实行食邑制，各级领主根据官阶高低不同占有数量不等的土地，形成了严格的封建等级制度。1428—1438 年，澜沧王国经历了混乱期，10 年内王朝更迭了 7 任国王，直到猜也查卡帕于 1441 年即位。1553 年，本属于澜沧王国属地的清迈被缅甸占领，由于首都琅勃拉邦靠近缅甸容易受到袭击，1560 年澜沧王国国王塞塔提腊迁都至万象，并于 1565 年和 1570 年两次成功击退缅甸东吁王朝莽应龙的入侵。塞塔提腊去世后，缅甸于 1574 年攻占万象，澜沧王国被迫成为缅甸的属地，直到 1598 年由诺蒙王带领宣布脱离缅甸，澜沧王国才恢复独立。1633 年苏里亚旺萨即位，澜沧王国进入最后的统一时期，彼时缅甸正与暹罗发生战争，无暇顾及澜沧王国。苏里亚旺萨积极发展国内经济，大力提倡手工业，组织生产，广泛提倡学习佛经，对外睦邻友好，注重同外国交往。1641 年曾派出贸易使团泛海到印度尼西亚出售象牙、虫胶①和安息香②，1670 年派遣使臣结好暹罗阿瑜陀耶王朝，并于 1670—1673 年在

---

　　① 虫胶：也叫紫胶，是紫胶虫吸取寄主树树液后分泌出的紫色天然树脂，可用作药材或染料。

　　② 安息香：一种中药，主治开窍清神，行气活血，止痛等。

孟拦赛建造了一座名为"帕舍制西双哈"（意为"双方和睦相爱"）的宝塔，作为与暹罗王国的边界标志。1641年在塔銮广场接待荷兰外交使臣和宗教使团。苏里亚旺萨在位期间，澜沧王国经济文化保持繁荣发展。

苏里亚旺萨去世后，因为没有王储即位，澜沧王国很快就陷入了政局混乱的状态。1707—1713年，澜沧王国先后分裂为琅勃拉邦、万象和占巴塞3个王国，一些领主也趁机独立，所以在三国鼎立时期，老挝同时也存在一些小的侯国，如川圹、孟新、清肯、乌怒等。

1788年，暹罗攻破占巴塞王国，占巴塞成为暹罗的附属国；同年，暹罗又占领了万象王国，并把湄公河南岸一些地区并入暹罗的国土；1799年暹罗又强迫琅勃拉邦接受它的保护，1893年越南的阮氏王朝占领了川圹侯国。从1778年至1893年，老挝境内这些分散的王国先后沦为暹罗（今泰国）和越南阮氏王朝的属地或属国。直到1893年，法国殖民者从暹罗和越南手中夺取了对老挝的统治权。

从1353年澜沧王国建立到1893年被法国殖民者统治前这数百年时间里，自给自足的自然经济始终在老挝社会里占据统治地位，商品经济极不发达，没有统一的货币，商品交换多以物物交换的方式进行。

农业方面，由于老挝山林居多，平原较少，很多少数民族一直居住在高山地区，靠种植旱稻、玉米等农作物为生，实行迁徙农业和刀耕火种，耕作技术十分简陋。平原地区的农民多以种植水稻、瓜果、蔬菜维持日常生活，基本靠天吃饭，生产水平落后。当地多出产犀牛、象及木香①、诃子②、乳香③④。

土地占有制方面，古代老挝长期实行土地王有制，即国家的土地属于国王，各领主、宗室、官吏按照官阶高低有条件地占有和使用不同数量的土地（即分封制），这些领主（昭孟）实力强大，割据一方，在领地上对自己的臣民拥有生杀予夺的权力。此外，古代老挝还长期存在寺院土地占有制。自从法昂王引入小乘佛教后，佛教文化迅速盛行，一般男子在成年前要在寺院修行一段时间，就连国王也必须在寺院经过一系列的仪式加冕登基。王位继承出现纠纷，僧侣出面调停，王位空缺时，高僧则出面主持国家事务。佛教内部设有一整套与世俗相仿的行政架构，从上到下设立僧王、僧王会议，省僧长、县僧长，再到村中的住持。寺院如同王室和领主一样，可以占有和使用土地。老挝整个封建时期多次发生统治阶层赠与寺院土地的情况，有时甚至将某一地区直接交由僧侣管辖。上文提到1560年塞塔提腊迁都万象，原来的旧都琅勃拉邦就是交由高僧治理的。

第2节　古代与中国的经济交流

老挝的先民与中国的傣族、壮族，泰国的泰族以及缅甸的

---

① 木香：中药名，可用于行气止痛，健脾消食。
② 诃子：中药名，具有涩肠止泻、敛肺止咳、降火利咽等功效。
③ 乳香：中药名，可用于活血行气止痛，消肿生肌。
④ 《续通典》，卷一四八《边防》二。

掸族等有很近的族源关系，许多学者认为今东南亚傣（泰）语民族的祖先都是古代从中国西南部迁徙而来的移民。

中国和老挝官方之间交往的历史记载最早可追溯到公元3世纪，《三国志》曾记载堂明国和扶南、林邑等"各遣使奉贡"。

在公元8世纪左右（我国唐朝时期），真腊分裂成水真腊和陆真腊，我国《旧唐书》明确指出"陆真腊，亦谓之文单国"，领土范围跟今天的老挝大体一致。文单国跟唐朝政府建立了友好的朝贡关系。《唐会要》记载文单国于"贞观中，累遣使朝贡"。唐高宗李治在位期间，"永徽二年（651年），遣使献驯象"，文单国又相继在"圣历元年（698年）、开元五年（717年）、天宝九年（908年）遣使朝贡，并献犀牛"。《册府元龟》里记载了开元五年文单朝贡时，唐玄宗赏赐"玺书及帛五百匹赐国王"。在《新唐书》里也有相关的记载，唐玄宗天宝十二年，"王子率其属二十六人来朝，拜果毅都尉，赐紫金鱼袋"，紫金鱼袋在当时是只有三品以上的大官才能得到的赏赐。到了唐代宗大历六年（771年），"付王婆弥①及其妻来朝，献驯象十一"，并提拔婆弥为"开府仪同三司②"和"试殿中监③"，赐名'宾汉'"，充分显示了唐朝对文单国的信任和厚待。

宋元时期有关老挝和中国官方往来的文献记载很少，到了明清时期，文献记载开始变多了起来。《明史》里提到"成祖即

---

① 敖婆弥，文单国副王。
② 开府仪同三司，从一品官位。
③ 试殿中监，唐朝殿中省的最高长官。

位，老挝土官刀线歹贡方物，始置老挝军民宣慰使司"①。明成祖永乐帝登基（1403 年）后，老挝派遣使节前往我国朝贡，明朝政府册封老挝国王为宣慰使。这个名号仅仅具有形式上的意义，明王朝从来不对老挝的内政加以干涉或者对老挝进行压迫和剥削，反而每次在朝贡后给予老挝大量优厚的礼物。明成祖登基后，老挝和明朝政府间形成了稳定的朝贡贸易，"五年遣人来贡、六年遣人贡象马方物、七年复进金银器、犀象……自是连年入贡"②，作为回礼，明成祖曾派中官杨琳回赠老挝文绮等物，此后两国使节来往不绝。

明末清初时期，明朝政府自顾不暇，彼时澜沧王国面临缅甸的入侵和内部权力斗争，暂时中断了与中国的官方交往。澜沧王国分裂后，直到 1729 年，北部的琅勃拉邦才又正式开始了与中国官方交往。清朝文献中所称的"南掌国"，实际上只是代指琅勃拉邦，其余的两个王国，万象国和占巴塞国与清朝政府没有官方往来。《清实录》记载："雍正七年（1729 年）……云贵、广西总督鄂尔泰疏言：'附近云南之南掌国王岛孙，向化天朝，输诚纳贡，备象二只，蒲编金字表文一道，转乞奏闻……得旨：'南掌国远在西南徼外，从来未通职贡，今输诚向化，甚属可嘉。滇省起送来京之时，着沿途地方官护送照看、应用夫马食物，着从厚支给，以示朕加惠远人之至意。'"③"雍正八年（1730 年），南掌国王岛孙遣使叭猛花等，奉表朝贺，并请永定

① 《明史》，卷三一五《老挝传》。
② 《明史》，卷三一五《老挝传》。
③ 《清实录》，卷八六。

贡期……朕心深为嘉悦……嗣后南掌国，酌令五年进贡一次……从之①"从雍正八年开始，琅勃拉邦（南掌国）开始了5年一次向清政府朝贡。在琅勃拉邦王国存续期间，前后8位国王共派出了24次使团前往中国访问及朝贡，原定的5年一贡，到乾隆八年（1743年）改为10年一贡②。琅勃拉邦王国进贡的贡品无非是大象、象牙、犀角及其他土特产等物，而清王朝对琅勃拉邦王国的来贡十分欢迎，给予了极高的待遇，回赐的礼物种类之多、数量之大令人瞠目结舌，从史籍的记载中可见一斑，"乾隆五十五年，南掌国王……庆贺万寿，进大象二只，与年贡驯象二只并进……"作为回赠，清政府对南掌国国王和来访的各品级贡使都给予了厚礼，"特赐国王三次：初次玉佛、如意、金镶玉亭、御书扇各一；二次扇一，茶叶二瓶；三次妆缎、倭缎、大缎各二，五色绢、五色纸各百，玻璃器十。头目二员赏凡十五次；初次每员大元宝一……三次每员蟒缎、大缎各一，银五十两；四次每员绫、缎各二……；五次每员瓷瓶、瓷碗、瓷碟、象牙茶盘各一……"

从15世纪到19世纪被法国殖民前，老挝与中国明清两朝政治关系密切，除了官方层面往来频繁，民间交往也很密切，货物交换也相当活跃。由于同源、语言相通，中国和老挝边境的居民时常通婚。《皇清职贡图》有记载"老挝人……其近在普洱府东界外者，常入内地贸易。"老挝边民经常用安息香、乳香、诃子、柚木等特产向我国居民交换盐、烟草、纺织品等日常货

---

① 《清实录》，卷八六。
② 《清实录》，卷一九四。

物。由于老挝和中国接壤，古时中国和老挝间就已经形成了较便利的陆路交通。除了边境，老挝其他地区的居民可以借助从都城出发的陆路，经过车里①，再到达中国云南省境内。经贸往来加上不时的战乱，两国之间互有居民迁徙，各具特色的生产知识与交化艺术发生了频繁的交流，例如"制酒醴、养蚕丝"的方法就是由华侨华人传入老挝的，我国云南省的一些热带植物是从老挝移植过来的，老挝一些居民祭祀时使用的铜鼓跟我国西南边陲少数民族使用的铜鼓很相似。这些都是历史上两国人民经济文化密切交往的证明。

第 3 节　近代殖民经济的特点

在越南和柬埔寨建立殖民统治后，法国于 1887 年在中南半岛上建立了法属印度支那联邦，彼时老挝大部分地区还处在暹罗的控制下。为了达成占领老挝的目的，法国以老挝曾是越南的属国为由，要求继承越南对老挝的宗主权。在遭到暹罗拒绝后，法国分三路出兵老挝，并派军舰逼近曼谷，炮口对准暹罗王宫②。暹罗向英国求助，但没有得到英国的支持，反而被要求接受法国的条件。暹罗被迫屈服，于 1893 年 10 月 3 日和法国签署了《曼谷条约》。条约规定：暹罗将湄公河东岸的老挝领土割

---

① 车里：地名，在今西双版纳傣族自治州。
② ［泰］姆·耳·马尼奇·琼赛：《老挝史》，福建人民出版社，1974 年。

让给法国，并放弃湄公河上所有岛屿的一切权利；划湄公河西岸 25 公里和巴丹孟、安谷尔二省为中立地带，法暹双方均不得驻军；暹罗向法国赔偿军费 300 万法郎。从此，老挝沦为法国的殖民地。1899 年，法国将老挝并入法属印度支那联邦。

法国占领老挝后，为了便于统治，在老挝设置了最高专员（最高驻扎官）一职，掌控一切大权，而老挝原有的封建制度在形式上被保留下来。原有的 3 个王国中琅勃拉邦为王都，其国王代表国家，万象作为行政首都，设置副王，管理国防、行政、财政；在占巴塞也保留国王，负责管理社会福利。1895—1899 年最高驻扎官卜洛希统治期间，老挝被划分为上寮和下寮两个地区，各由一名法国官员治理。上寮的行政机构设在琅勃拉邦，下辖 6 省。下寮的行政机构设在孔埠，下辖 7 省。这些法国官员掌握着行政、立法、治安、税收、文教等各方面的实权。地方上实行"分而治之"的政策，县以下的基层行政首脑仍由老挝人担任，各地区都有军队驻守，禁止地区间居民自由往来。1899 年，上寮和下寮地区合二为一，"全老挝成为一个向法属印度支那总督负责的最高驻扎官管理之下的自治保护国和法属印度支那联邦中的一员"①，老挝全国各级官吏均由殖民当局任命，并向它领取薪俸，完全听命于最高驻扎官。

由于持续不断的反法斗争，1911 年法国殖民当局加强了对边远地区的统治，对琅勃拉邦以外的地区废除土王，取消土王属下的贵族爵位和头衔，将全国统一划分为省、县、区、乡、

---

① Paul Le Boulanger, "Histoire du Laos Francais". Librairie Plon, Paris, 1931. P322 –339.

村5级，省及省以上各级官吏由法国人担任，县及县以下的行政首脑由老挝人担任，这些基层首脑基本都是由封建领主担任，殖民当局通过他们监视及统治老挝人民。从1920年代开始，法国殖民当局在老挝各地陆续设置监狱、法院、密探局、警局等机构。到一战前后，法国在老挝已基本形成了一套完整的殖民统治体系，从中央到地方、从城市到乡镇，建立了以最高驻扎官为首的"按照拿破仑一世模式而组成的一套像样的法国殖民地行政机构"。①

从1893年占领老挝到1918年第一次世界大战结束，法国殖民经济政策最显著的特征是运用暴力手段掠夺老挝的土地和资源，实行苛重的劳役和捐税制度，几乎没有任何投资和建设。

根据1913年法国议会通过的决议，殖民政府规定，老挝的土地除了一部分由王室保留外，绝大部分归殖民当局所有。这些殖民者以登记土地为名，要求农民出示土地文契，凡是不能出具的，均以田主不明为由将土地强行没收。很多农民由于动乱丢失文契，被法国殖民当局强行没收了土地，而这些土地绝大部分又以极低的价格或者免费"租借"的形式转让给了法官殖民官员、地方领主、头人以及投机商人等。失地的农民为了生存，只能被迫沦为佃农或者进入法国人经营的种植园，出卖廉价劳动力。

法国殖民者对老挝的林业资源也进行了掠夺性采伐，在万象平原的边境地区大规模伐木，将檀香木、柚木、梨花木、铁力木、桧木等珍贵的木材，运回法国或者出口到其他国家，赚

---

① D·G·E·霍尔：《东南亚史》，商务印书馆1982年版，第859页。

取巨额利润。

除了掠夺土地和林业资源外，法国殖民当局对老挝人民强制征收人头税、牛马税、房产税、烟酒税、渡船税等上百种税费，其中人头税和鸦片税是法国殖民政府最重要的收入来源。这些税种名目繁多，有些骇人听闻，比如对哺乳期的妇女征收"奶头税"，税额视乳汁多少而定，导致很多妇女不敢走出家门。法国殖民当局对老挝不同民族征收的税额也不一致，比如苗族要比老龙族多付一倍的税费，这是因为苗族是散居的少数民族，不容易像人口规模第一大的老龙族那样有可能组织起来反抗。法国殖民当局还规定老挝 18 岁以上的成年男子，每人每年必须服劳役 60 天，如果不能服役，就要花费高价雇人代替。

在广大的农村地区，因为法国殖民者保留了封建制度，老挝封建领主得以继续维持着原有的封建剥削方式。这些领主既是基层官吏，又是领地的主人，领地内的居民必须无偿为其服务，从事耕田种地、盖房修路、搬运货物、洗衣做饭等劳役。此外，领主把土地租给农民耕种，向他们征收高额实物地租，发放高利贷，领地上的农民还要向领主缴纳捐税，送礼纳贡。

在殖民主义和封建主义的双重剥削下，老挝人民生活困苦异常，各地掀起了多次规模较大的反法起义，但是历次起义都以失败而告终，没有能在全国范围内摧毁法国的殖民统治。

第4节 第二次世界大战前经济状况

从第一次世界大战结束到第二次世界大战前夕，法国在老挝的经济政策除继续实行苛捐杂税、掠夺土地外，还对矿产资源进行了掠夺，并对农业、采矿业等进行一些有限的开发和经营。

到第二次世界大战前夕，老挝波罗芬高原的大部分土地都为法国殖民者占有，有些法国种植园主竟一个人就占有超过2万公顷的土地。法国殖民者在这些土地上建立起单一经济作物种植制度，开辟各类种植园，比如在下寮地区，开辟橡胶园，种植咖啡、胡椒等热带经济作物，成熟后运往欧洲销售。在上寮地区大规模种植鸦片（罂粟），生产的鸦片占到全老挝产量的90%，殖民当局四分之一的收入都来自鸦片生产和贸易。

老挝的锡矿资源很丰富，因此法国殖民者垄断了老挝的锡矿开采。1920年在占巴塞省成立了"印度支那矿藏研究与开发公司"，侵占了他曲以北甘蒙省的锡矿，1930年又在甘蒙省成立"远东锡业公司"，使用大量廉价的劳动力和简陋的工具进行开采。二战前有超过6000名越南人和老挝人在这些采矿场工作，每年开采超过1200吨的锡砂。

1927年法国殖民当局颁布《契约劳工法》，规定在契约期间劳工不能离开企业，否则将被重罚或者监禁，这说明老挝劳工根本不是资本主义生产方式下的自由雇佣劳动力，所受到的剥削及压迫仍具有浓厚的封建主义色彩。

在万象和沙湾地区，法国资本家开办了一些自来水厂、锯木厂、造船厂、辗米厂和制冰厂，但这些工厂数量和规模有限，也没有建立起与之配套的其他企业。殖民当局丝毫不考虑利用先进技术设备来提高生产效率，连老挝境内开采的锡矿，因为缺乏技术和配套设施，不能就地提炼，必须要运到马来西亚的炼锡厂去提炼加工。老挝每年需要的纺织品、石油、火柴、浆糊等用品都需要从国外输入，没有自己独立的民族经济。

二战前，法国在老挝为了军事需要仅仅修筑了若干连接老挝和越南的公路，没有铁路，其中有一半的公路在每年长达6个月的雨季中不能使用。村落之间没有公路相通，大城镇之间的交通必须依靠不定期飞行的小型飞机。由于交通运输不便，老挝国内各地区之间的物资调剂非常困难，缺米地区必须向邻国进口大米，沿湄公河的城市建造房子还要从邻国进口木料。

和重点发展越南不同，法国殖民者仅仅把老挝看作是为印度支那联邦提供农业、森林和矿产资源的储存地①，不重视老挝的经济建设和社会发展，因此在法国殖民期间，老挝的社会经济和发展几乎停滞不前，是印支联邦中最落后的一个。外国学者琼赛曾对此评价："法国统治五十二年之后，老挝没有多大发展。"② 可以说，老挝在法国殖民统治下是一个极为落后的农业国家。

为了巩固殖民统治，法国殖民当局实行同化政策，要求学

---

① Paul Doumer." L' Indochine Francaise", Paris. 1930. P292.
② （泰）姆·耳·马尼奇·琼赛：《老挝史》，福建人民出版社，1974年中文版，第461页。

校各学科课程必须用法语教学。法文被规定为唯一合法的公文用文，使用老挝文的出版物包括书籍和报纸等几近绝迹。此外，殖民当局还推行愚化政策。据统计，二战前老挝全国有300万人口，但仅有一所中学，没有大学，就连小学也仅有6所。全国95%的居民是文盲，只有王室子弟享有特权，可以远赴法国接受教育。殖民当局在老挝开设了大量的妓院、烟馆和赌场，颓废堕落的风气盛行，加上卫生条件恶劣，许多人患上花柳病、麻风病等传染病。宗教也成为法国殖民者控制老挝人的有力工具。法国殖民者一边极力扩大天主教在老挝的影响，广泛建立教堂和教区，另一边利用佛教在老挝人民社会生活中的影响力，通过收买僧侣界的上层人士，企图达到控制老挝人民思想的目的。[1] 此外，为了防止老挝人民组织反抗活动，法国殖民当局规定老挝人民不得享有选举权和被选举权，限制居民集会和结社的自由，还规定除了宗教节日外，凡是19个人以上的集会都要经当局批准。殖民当局还在老挝各地设立密探局，侦听、侦察有可能密谋动摇殖民统治的老挝人，这些密探不受法律约束，可以随意扣押、殴打甚至不经审讯杀人，受害者不计其数。

法国殖民统治者长期对老挝人民进行残酷剥削和压迫，激起了各族人民的反抗。在第二次世界大战前老挝历史上有名的武装反抗斗争有：1910—1932年南部波罗芬高原的人民爆发的起义，1918—1922年上寮地区的桑怒、川圹等地的苗族人民在首领巴柴领导下进行的反法武装斗争。法国殖民当局和老挝封

---

① 魏达志编著：《东盟十国经济发展史》，海天出版社，2010年，第488页。

建领主反动势力相互勾结，暗杀起义领袖，对各起义军分化瓦解。虽然这些起义斗争最后都失败了，但它们唤醒了老挝人民，为后来的老挝民族解放运动培养了一批富有斗争经验的骨干力量。

第 5 节　独立后的经济发展

第二次世界大战期间，老挝被日本占领。二战结束后，法国于 1946 年 3 月兵分两路重新占领了老挝。1946 年，老挝与法国签订了临时协议，老挝获得在印支联邦范围内的自治权利，琅勃拉邦王是老挝唯一的合法国王，王国改名为老挝王国。1947 年，老挝国王颁布新宪法，宣布老挝实行君主立宪制，国王是国家的最高元首，并组建国民议会，首相和内阁组成政府，对议会负责。

1949 年 7 月 19 日，老挝王国政府同法国政府在巴黎签约，正式确定老挝为法兰西联邦内的独立国家，但实际上老挝的国防、财政、外交等大权仍掌握在法国人手中。1953 年签订的《法老友好联合条约》中规定，老挝必须以自己的全部力量为法兰西联邦成员国的安全服务，在老挝的各种军事指挥权属于法国。这些条约内容暴露了老挝尚未真正独立的事实。

法国重返老挝以后，将过去在老挝殖民时期征收的各种捐税增加了两三倍之多，以更加残酷的方式压榨老挝人民，大肆进行搜刮，在许多地区，税额比 1945 年以前增加了 20 倍之多。

此外，法国殖民者还强迫老挝人民为他们提供劳役服务，以诱骗或者强制方式抓捕 18～45 岁的老挝人服兵役。

从 1946 年到 1954 年，老挝人民为了争取国家独立和民族解放，开展了长达 9 年的抗法战争，终于在 1954 年赢得了全面的胜利。1954 年 7 月 21 日，法国代表在日内瓦会议上签字，承认老挝为独立的主权国家，正式宣告法国在老挝半个多世纪的殖民统治彻底结束。

1954 年日内瓦会议后，美国公然对老挝内政进行干涉，扶持亲美势力，老挝内部形成了亲美的反共派、中立派以及反殖反美派三派势力。为了击溃巴特寮、老挝爱国阵线等反殖游击部队，美国给予了老挝大量的军事和经济援助。1955—1960 年，美国援助老挝 2.6868 亿美元，其中 80% 为军事援助。[1] 这些军事援助资金用于扩建老挝政府军队、购买军事装备等。经济方面，美国向老挝提供公路建设、航空运输、农业灌溉等方面的支持。除了美国，法国、英国、日本和澳大利亚等国家都陆续对老挝给予了援助。这些援助成为老挝政府财政收入的主要来源。

在 1950 年代末到 1970 年代中期，即老挝反殖反帝战争时期（也称作老挝内战时期），老挝出口的商品主要有锡、木材、咖啡、安息香等初级产品，进口商品大部分是工业品，包括罐头、成衣、化工制品、金属制品、机械等。进口额是出口额的 10 余倍，贸易逆差巨大，国内通货膨胀率不断升高，物价飞涨，货

---

① 魏达志编著：《东盟十国经济发展史》，海天出版社，2010 年，第 492 页。

币贬值，人民生活非常困苦。农村地区仍然存有封建性质的剥削制度，失地的佃农要缴纳将近产量一半的地租，而且还要为地主、村长提供各种劳役。而老挝统治阶层贪污腐败之风盛行，王室贵族和政府官吏们将大部分来自欧美的援助款塞进自己的腰包，住洋房乘汽车，穷奢极欲，社会贫富差距极其悬殊。

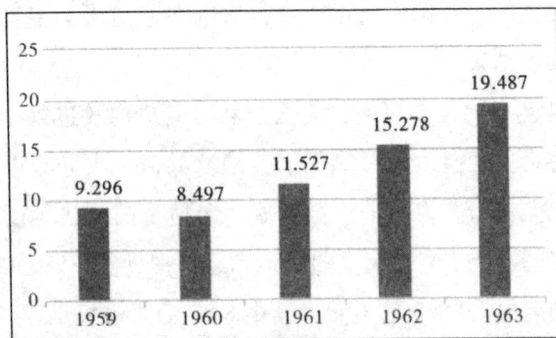

图 5-1　1959—1963 年美国对老挝援助金额（单位：亿基普）

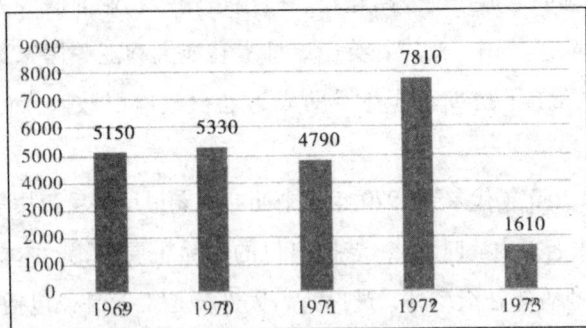

图 5-2　1969—1973 年 美国对老挝援助金额（单位：亿美元）

资料来源：马树洪《当代老挝经济》，云南大学出版社，2000 年。

经过艰苦卓绝的斗争，老挝人民解放军于 1975 年 8 月攻克了所有的城镇，同年 12 月召开老挝人民代表大会，在会议上宣布废除君主制度，建立老挝人民民主共和国。大会通过了《老挝人民民主共和国政府施政纲领》，提出"发动全民促进生产，恢复和发展经济，恢复和不断改善各民族人民的正常生活，同时逐步改造和建立民族经济基础，沿着社会主义方向建立物质和科学技术基础。"①

新政府成立后，马上实行国有化政策，许多私营工商企业主携带资本大量外逃，资金和技术缺口严重。1976 年颁布《农业税条例》，规定农民除 100 公斤口粮和种子可免税外，超出部分按产量的多少进行纳税，多产多征，严重挫伤了农民的生产积极性，有些农民采取宁可少种或不种表达抗议。1978 年又推行了农业集体化运动，但合作社不实行土地牲畜分红，管理混乱，引起了农民的不满。再加上美国的经济封锁，70 年代末，老挝经济陷入停滞状态，粮食产量居然比解放前还低，许多工厂处于倒闭或半停工状态，国家财政赤字极其严重。

针对这一情况，老挝党中央委员会进行了深刻的反思并总结了经验教训，于 1979 年末开始调整经济政策：暂缓发展农业合作社，降低农业税，提高农产品收购价格；撤销原有对农业的限制，允许农民自由出售农产品；开放自由市场，鼓励私人资本与国家合营工商企业，允许私商从事对外贸易。②

改革取得了比较明显的效果。1980—1985 年间，老挝国民生产总值增长了 37.5%，从 93.76 亿基普增长到 150.06 亿基

---

① 梁英明等编：《近现代东南亚（1511—992）》，北京大学出版社，1994 年，第 493 页。

② 同上。

普，农业总产值增长了 42%，外贸进出口总额翻了一倍。工业企业也得到了很大的发展，1985 年底，老挝共有 11 个中央国营企业，127 个地方国营企业，39 个公私合营企业，私营企业达到 225 家。

1986 年，老挝人民革命党召开第四次全国代表大会，会议上提出要进行全面的经济体制改革和实行对外开放。这次会议代表着老挝经济发展进入一个新时期，国民经济获得较为迅速的发展。

农业方面，由于 1984 年实行家庭承包制，粮食产量由过去的 80 万～100 万吨迅速提高到 150 万～160 万吨，1999 年人均粮食产量达到 400 公斤，首次实现了自给有余。畜牧业也得到了较快的发展，1985—1990 年间牲畜存栏量显著增长，1985 年老挝全国水牛、黄牛、生猪、羊、家禽的存栏数为 339400、626500、1189800、81500、6470800 头，到了 1995 年分别增长到 1191400、1145900、1723600、152900、11338400 头。[①]

工业方面，老挝工业产值在国民生产总值中的比重由 1985 年的 14.3% 上升到 1991 年的 17.8%，建立了发电、锯木、碾米、卷烟、纺织、食品、采矿、水泥、炼铁等工业，尤其是电力工业发展迅猛，是老挝最主要和发展最快的产业。1988 年发电量是 5.36 亿度，1995 年超 15 亿度，2000 年就超过了 30 亿度，其产值占老挝工业总产值的 55% 以上，更是老挝出口创汇的主要产品，每年向泰国输出的电力占全国发电总量的 70%，电力出口创汇额占老挝出口总额的 50% 左右。其他工业品增长

---

① 《老挝社会经济统计资料》，1985—1995 年卷。

较为稳定，工业品的种类也较为丰富。

服务业也获得了较大的发展。20 个世纪 80 年代中期以来，老挝鼓励商品自由流通和发展市场经济。1980 年商店总数仅有 3285 家，1985 年 8574 家，1990 年达到 1.5 万余家，1993 年增至 2.2 万余家。全国的商品零售总额增长也非常迅速，1980 年全国商品零售总额仅有 18.16 亿基普，1985 年 158.62 亿基普，1993 年 468.5 亿基普，1995 年达到 580 亿基普。①

外资方面，自 1988 年《外资法》颁布以来，老挝引进了大量外资与先进技术。根据统计，1990 年引入外资 9039 万美元，1991 年 1.2715 亿美元，1992 年外资 1.1577 亿美元，1993 年 1.3348 亿美元，1995 年达到 3.3676 亿美元。

进入 21 世纪以来，中国对老挝的投资额迅速增加，从 2001 年的 5.47 亿美元迅速增加到 2016 年的 1912.07 亿美元。目前，中国是老挝最大的外资来源国，其次是越南、泰国等东南亚国家。从 2015 年"一带一路"提出以来，我国对老挝的投资方向从以工业为主导转变为以服务业为主导。

2009—2019 年，中国对老挝商品出口额从 3.23 亿元人民币增长到 34.45 亿元人民币，老挝对中国出口的商品金额从 1.14 亿元人民币增至 9.82 亿元人民币。2019 年，中国已经成为老挝第一大出口市场以及第二大进口市场。

---

① 马树洪编著：《当代老挝经济》，云南大学出版，2000 年，第 303 - 304 页。

第9章 缅 甸

第1节 古代缅甸的经济特征

1.1 古代缅甸的经济社会

缅甸地处北纬 9°58′~28°31′、东经 92°20′~101°20′，陆地较宽阔，向南延伸入海部分与泰国接壤，南部陆地狭长并与泰国相连。缅甸一方所临海域是安达曼海，海的对岸是安达曼群岛。泰国一方则是泰国湾。缅甸陆地东北部与中国云南、西藏接壤，国境线长约 2185 公里，其中大部分与云南接壤，边界线长约 1799 公里。从中国西藏、云南地貌向南的流向也可以知道，缅甸东部与云贵高原相连，缓冲下来一片宽阔的草原。陆地西面则与印度接壤。

约 2000 年前缅甸由多个小国组成，有大河流域的奴隶制国家，也有高原地区的部落联盟。被称为"万塔之国"的缅甸，在公元 3 世纪左右已是佛教国家，虽然缅甸是一个多民族国家，但多数民族受印度佛教影响，各地人民都以信仰佛教为主。

公元 1—11 世纪，缅甸社会是由骠、掸、孟、若开等不同民族建立的氏族或国家，随着社会阶层不断分化成为早期的奴隶制国家。骠国时期创造了文字，缅甸开始向封建国家过渡。国家主要受印度佛教的影响，有南传佛教、大乘佛教和印度教。

公元 1044 年，缅甸蒲甘王朝统一了缅甸，开始了封建国家的建设。蒲甘王朝借助早期骠文和孟文创造了缅文。古代缅甸经济基础是农业经济，因而非常重视对农业的投入。作为第一个统一国家，将上座部佛教引入到缅甸社会，成为蒲甘王朝的国教。这种背景下，缅甸形成了国教较为独特的一种经济形势，即"寺院经济"。国王将大片的土地赏赐给寺院，有的将土地和领地上的居民一起赠与僧侣。寺院不仅有土地，还有劳动力，每座寺院都有许多工匠、乐

缅甸示意图

师，直至 15 世纪寺院经济才开始走向衰落。缅甸历史上经历了长时间的分裂时期，因而每次统一都被后人给予非常高的评价。蒲甘王朝后，缅甸进入了所谓的"战国时代"（1287—1531 年），

后由莽应龙再次统一了缅甸，被称为缅甸"始皇"①。

1752 年，贡榜王朝，也就是缅甸最后一个王朝完成了缅甸历史上的第三次统一。由于佛教在缅甸历史上一直有着至尊地位，因此这次统一后很多政策依然要通过僧侣来进行传达，甚至很多僧侣要求说服农奴抗拒缴纳租税人的反抗。缅甸社会对于僧侣的尊重形成了缅甸历史上独特的经济社会现象。与其他国家有所不同的是，缅甸历史上虽然有国王、地主及农奴这几个阶层，同时又有宗教僧侣为主的阶层，且这个阶层较为特殊，国王也给予他们很大的特权。他们在缅甸经济社会中扮演着重要角色，也对缅甸经济发展起着非常重要的作用。他们又是寺院经济的主体，对缅甸经济社会有着较大影响。

1.2 古代缅甸经济特征及对外贸易

古代缅甸经济主要是以农业为主，公元 4—9 世纪，缅甸就已开始兴修水利，开展种植水稻，并饲养马、黄牛等作为生产资料加以利用。11 世纪缅甸独立建国后，更是积极开展农业基础设施建设，为提高种植产量不断投入资金建设。最早在 11 世纪前，建设的水利设施有密铁拉湖，可灌溉 18000 英亩（约109265 亩）的土地。在蒲甘时期则建成了皎克西灌溉网，灌溉面积约 120000 英亩（约7284341 亩）②。这种大面积灌溉能力的

---

① 参照宋清润，张伟玉著：《缅甸史话》，中国古籍出版社，2020 年 7 月，第 14 - 99 页。

② 参照魏达志编著：《东盟十国经济发展史》，海天出版社，2010 年 4 月，第 445 页（笔者根据英亩单位换算为亩）。

建设，对缅甸农业起到了非常重要的促进作用。

　　农业生产用具方面，缅甸手工业也因农业发展而不断发展。当时农民已经普遍使用铁工具，铁锄铁犁耙已经非常普遍，且用牛拉犁耕地已经非常普遍，生产力水平较高。铁器工具的需要也促进了采矿业的发展。不仅在农业生产上，在建筑上，特别是佛教最多的建筑是寺庙和塔，而且建筑过程还大量使用黄金和银，这也是促进采矿业发展的一个要因。建筑业的发展，古代缅甸已经拥有大量的家具和佛像制造工、木刻工和画工。这成为寺院经济重要组成部分。而在生活领域也出现了大量的榨糖、制盐、织布和编织等手工业者。缅甸国内也开始了定期的集市，有定期 5 天开一个小集市、10 日一个大集市。集市上人们买卖各种生活用品，中心城市商业也有了一定的规模。

　　对外贸易方面，缅甸是一个非常重要的商品生产地区，也是与印度等地区通商的重要地区。当时缅甸手工产品也受到中国及东南亚各国的喜爱，并广销各地。缅甸统一初期，商业还不发达，缅甸统治者积极发展商业和交通运输业。在南部沿海地区建设港口，开展对外交流。在重商主义背景下，欧洲对外扩张中，荷兰作为当时欧洲最强盛的海洋国家，成立的与东方交易的东印度公司也经常参入到缅甸对外交流中。特别是一些荷兰人作为"中间商"，把缅甸的棉花贩卖给中国商人，从中赚取了丰厚的利润，这件事说明当时缅甸与中国以及欧洲国家的经济往来非常频繁。

　　缅甸与中国的交流从汉代便已开始，那时的交流多数还是以文化交流为主，与每个朝代建立的政治联系是主要特征。到了唐代，当时的骠国使节访问大唐，在长安城表演引起很大轰动。在经济交流方面中，缅甸在清朝才和中国有了朝贡关系，而清朝政府要求缅甸 10 年一贡，这实际上说明这个时期中缅中央集权间的经济交流非常少①，主要是以边境地区经济交流为主。

缅甸北方经济繁荣时期与中国云南边境贸易非常普遍。缅甸从云南向中国出口棉花、木棉、珠宝等商品，从中国进口铜器、铁器、丝绸等。中国江西、湖南、广东及四川的商人和手工业者来到缅甸，出口大米、宝石及麝香等产品。

第 2 节　近代殖民经济的特点

2.1　缅甸沦为殖民地的历史背景

明朝末年，云南边境土司对当时中央政府开始有离反之心。土司们为了得到缅甸政府的保护，向缅甸政府定期缴纳赋税。乾隆为了稳定边疆，稳定土司的归顺之心，便与缅甸开始了著名的清缅战争。当时缅甸贡榜王朝实现了第三次统一后，积极与西方国家进行交往，并购进西洋枪炮，军事实力大增。1762—1769 年间，双方进行了 7 年的拉锯战，最终签署了《老官屯和约》，清朝承认缅甸的独立，并将其视为朝贡国。每 10

---

① 梁志明等著：《古代东南亚历史与文化研究》，昆仑出版社，2006 年 10 月，第 102 页。

年两国交换使节，并对清朝进贡。

17 世纪的荷兰曾是欧洲霸主，当时荷兰拥有 10000 多艘商船，在世界各地进行贸易。荷兰早就盯上了缅甸，荷兰东印度公司在世界各地拥有 15000 多个机构，在下缅甸建立商站，目的就是从东方获取大量商品。但由于 17 世纪后期的衰败，对东方殖民地的占领也落在后面。

法国在 17—18 世纪开始不断向东方殖民，特别是对印支三国早就做好了占领这些国家的准备，对缅甸更是觊觎已久。1688 年法国在缅甸建立第一个商站，法国的东印度公司在沙廉修建了船坞①。缅甸成为西方列强都想要占领的国家之一。18 世纪虽然正处在英法战争中，但法国殖民者在缅甸与英国也与本土一样为了占领缅甸展开了激烈的战斗。所不同的是，法国殖民者利用扶持缅甸南方孟人政权，与北方雍籍牙政权展开了猛烈的攻势。法国为孟人政权提供人员和武器援助，但最终孟人还是以失败告终。法国对缅甸的殖民也就未能得逞。

18 世纪中叶，英国控制了印度，将印度变为英国的殖民地。有了这样一个庞大领土的英帝国，开始对印度邻国缅甸的侵略。1824 年 3 月，英国殖民者对缅甸开始了第一次侵略战争。缅甸与英国被迫签署了《杨端波条约》，沦为英国殖民地。1885 年和 1886 年，英国又两次挑起战争，消灭了缅甸最后一个王朝，最终将缅甸合并为印度的一个省。至此，英国对缅甸的殖民统治拉开帷幕。从上述历史脉络我们了解到，缅甸国家统一曾经

---

① 参照宋清润，张伟玉著：《缅甸史话》，中国古籍出版社，2020年 7 月，第 88－89 页。

历多次变故，其中不乏与邻国中国以及泰国之间的领土争端。进入到西方列强向世界殖民时期，由于其非常的地理位置、丰富的矿产以及发达的水利灌溉设施，最终没能逃脱被殖民者争夺的下场。

英国之所以与法国不惜一战占领缅甸，不仅仅是印度已成为英国的殖民地，与法国交战有着重要的后续保障，更是看中缅甸如前文所述的有着大规模灌溉能力的良田，希望通过这些耕地成为英国重要的粮食生产基地。同时，缅甸有着丰富的矿产和林业资源。更加重要的是，将缅甸放在英国的统治之下，使之成为英国产品的销售市场。

1941 年日本侵略了缅甸，开始法西斯统治。中国为了抗日也派出了远征军抵抗日本侵略者。此时缅甸成为日本殖民地，1943 年又名义上允许缅甸独立，但日本对缅甸有着绝对的控制权，同时也从中获取更多的经济利益。

2.2 英国殖民时期农业、工业发展

缅甸地理条件都不相同，尤其是在英国殖民时期，北方由于处在高原地区，水稻种植与南方无法相比。因而在英国殖民时期，英国殖民者对南方农业生产投入较大，在此获得了大量的粮食。也通常把这一地区称为"下缅甸"。对北方落后生产力低下的地区称之为"上缅甸"。下缅甸地区尚未有清晰的界限，但大约在缅甸首都内比都以南的大部分地区。下缅甸有著名的缅甸伊洛瓦底江三角洲，是盛产粮食的最佳地区。而上缅甸地区气候干燥，农业生产环境无法和南部相比。当时苏伊士运河

开通不久，英法两国拥有运河 96% 的股份，这使得缅甸生产大米运往英国的距离更近，时间也就越短。缅甸大米生产具有绝对优势，英国殖民时期，缅甸是世界最大的大米出口国。英国殖民者为了攫取更多的大米出口，不断地开垦下缅甸各地荒芜的土地，其目的就是为了增加大米生产，为英国殖民者服务。在土地增加的基础上，英国殖民者又使用先进的农业生产技术，使缅甸大米产量不断增加。1885 年大约有 40 万吨大米出口，到了 1915—1916 年间，已上升到 313.4 万吨，出口量在 30 年时间增加了近 8 倍。1931—1940 年间，大米出口占缅甸出口总量的 62%，占世界大米出口总量的 37%①。这种近乎畸形的对外贸易商品结构，从另一个侧面证明了英国殖民统治时期对缅甸的掠夺程度。如表 2 - 1 我们了解到，英国殖民者进入缅甸之后对土地开垦增速很快。1872—1878 年稻米耕种面积达到了 1871542 亩，1932—1937 年为止已达到了 9855258 亩，65 年时间将稻米耕种面积扩大 5.27 倍，为缅甸成为大米出口最多的国家提供了土地保障。

J. S. Furnivall 在其《缅甸社会经济史纲要》中指出，并非英国殖民缅甸使工业退步，而是由于完全专注于种植农业和稻谷出口加工，造成缅甸工业基础薄弱，工业不仅没有前进，而且在退步。我们从英国殖民者对缅甸建设过程中可以看到，殖民者是为了获取更多资源以及大米等初级加工产品，对缅甸存在有意识的不发展其基础工业，仅仅希望缅甸成为英国殖民

---

① 魏达志编著：《东盟十国经济发展史》，海天出版社，2010 年 4 月，第 450 页。

者获取资源的基地。他们在缅甸的投资都围绕着大米、石油以及木材和矿产原材料加工展开的。截止到 1940 年，缅甸 1027 家工厂当中，碾米、木材加工以及榨油等加工企业占 85% 以上。

表 9 - 1   英国殖民下对缅甸稻米耕种土地的开发

年度	稻米面积（亩）
1872—1878 年	1871542
1882—1883 年	3443439
1892—1893 年	5086853
1902—1903 年	6712790
1912—1913 年	8081677
1922—1923 年	8870342
1932—1933 年	9711396
1936—1937 年	9855258

数据来源：笔者根据 J. S. Furnivall 著，王泰译：《缅甸社会经济史纲要》，商务印书馆，1945 年，第 51 页数据整理。

1886 年仰光有两个蒸汽动力碾米厂，之后英国殖民者不断入侵，1940 年为止已有 100 家碾米加工厂，其中一半左右在仰光。1886 年英国在缅甸成立缅甸石油公司，拥有自己的油田、炼油厂和输油管。缅甸石油公司产量当时占缅甸石油总量的 75%。为了将这些产品源源不断运往欧洲，攫取更大利益，英国不仅和法国垄断了苏伊士运河的运营权，而且在下缅甸沿海地区，特别是仰光市成立了大型的航运公司，通过海上航路将各种原材料及大米源源不断地运往欧洲。同时，为了将缅甸各地的稻米以及原材料运往仰光加工或将资源运到港口城市，英国殖民者在 1896 年获得在缅甸经营铁路的特权。从 1887 年修通了第一条仰光到卑谬的铁路后，截止到 1941 年，缅甸铁路总里程达到 2060 英里，形成了较为便利的铁路交通网。英国殖民者对公路建设也投入很大，1938 年缅甸已有 6000 英里的公路①。同时，缅甸有伊洛瓦底江、钦敦江等河流，自古内河船运就较普及。英国殖民者对内河运输方面也加大投入，伊洛瓦底江上的内河运输发展较快，到 1916 年已经拥有 500 多艘船的运输规模。从上述农业、工业运营中我们看到，英国殖民者将种植、开采、加工、运输几个重要环节都把握在自己手中，从未考虑缅甸自身经济发展结构的不合理性，而仅仅是为掠夺缅甸资源而创造便利条件。

1941 年，日本假借帮助缅甸人民独立建国、赶走英国殖民者，出兵缅甸，缅甸沦为实际上的日本统治下的殖民地。日本为了自己利益，强迫农民缩小水稻种植，增加棉花种植面积。至 1945 年，缅甸稻米播种面积较英国殖民者统治时期减少一半，大米产量由 600～700 万吨减少到 270 万吨。缅甸人民粮食短缺，不得不实行粮食定量配给制。

---

① 梁志明主编：《殖民主义史（东南亚卷）》，北京大学出版社，第 292 页。

第 3 节　现代经济发展特征及中缅经济交流

3.1　独立后缅甸经济发展及道路摸索

第二次世界大战后，各地民族解放独立斗争不断涌现，缅甸也是如此。世界范围内弱小民族的独立成为一种趋势，但缅甸却并未马上得到解放。二战结束代表着日本侵略者被赶出缅甸，但英国殖民者却利用时机重返缅甸，接受被日本占领的企业，同时对一些英资企业权力回收，缅甸重新陷入到英国殖民统治中。英国殖民者废除日本发行的货币，使得缅甸人民的财富在一夜之间大量蒸发，原本受重创的经济秩序变得更加艰难。二战后的国际形势及对殖民主义的排斥，缅甸反法西斯自由同盟开始着手治理国家。由于当时同盟主席昂山被刺杀，副主席吴努担当主席位置，开始与英国殖民者商讨独立建国事宜。1947 年 8 月吴努成为临时政府总理，同年与英国签署《英缅条约》，1948 年 1 月 4 日缅甸宣布独立，吴努成为第一届总理。

吴努上任后，经济制度的特点是以国有化为主，但民营企业和集体企业也鼓励并存，同时也部分允许外国企业入驻，管理却非常严格。独立当年制定并颁布了《经济发展两年计划》，希望通过这个计划尽快将大米生产恢复到战前水平。为实现这一计划，吴努首先开展的是土地国有化运动，通过《1948 年土地国有化政策》，用较为温和的赎买方式将地主手中的土地国有化。1954 年又颁布《土地国有化法令》。吴努的土地政策改变了当时缅甸土地掌握在少数地主手中的状况，真正实现了"耕者有其田"的目标。1954 年又提出了《八年计划》，希望通过这一计划将大米出口，从而换取外汇增加国民收入。吴努政权希望建设一个福利国家，被殖民时期大米产量也是缅甸主要出口货物。由于 20 世纪 50 年代初期米价每吨在 60～70 英镑，因此寄希望于大米产量增加并大量出口。如表 3 - 1 所示，1948—1956 年间，缅甸稻米产量除了 1949 年减少之外，一直都处在不断增加的状态下。但是由于大米价格在 1956 年开始跌到每吨 36 英镑，缅甸出口贸易受到较大挫折，最终不得不中止《八年计划》。

表 9 - 2　1948—1956 年缅甸稻米产量（单位：千吨）

1948 年	5153
1949 年	4571
1950 年	5391
1951 年	5589
1952 年	5841
1953 年	5616
1954 年	5804
1955 年	5873
1956 年	6464

数据来源：《东南亚经济资料汇编》，1959 年 3 月，中国知网（cnki. net）。

在工商业建设方面，首先将英国殖民者留下的英国企业实行国有化，20世纪50年代中期已经将民航、铁路、邮电等行业国有化。对外贸易方面，吴努政权为了建设形成了的国家，在国际社会上宣告缅甸不属于冷战的任何阵营，而是靠走中间路线发展国家经济。为了能够培养缅甸民族工业，很多行业主张由缅甸国有、集体或私营企业经营。对国外资本企业投入严格管理，对外贸易方面也是尽可能依靠缅甸的国企。

但由于国内矛盾不断激化，民族矛盾不断增强，许多地方武装也加入到与政府军对立的阵营中，1962年3月，奈温发动军事政变夺取政权，并宣布采用"缅甸式社会主义制度"，开启了长达26年的执政期。奈温上台后，1963年首先又一次实施土地改革运动，国家对土地使用、农产品种植以及种植面积与品种，甚至种植方法都做了严格规定，却从未考虑农民的利益。

在工商业方面，首先在缅甸开展大规模国有化浪潮，将许多私营工业、手工业实施国有化，拒绝外国资本进入。自力更生的发展民族工业使得缅甸外汇大量减少，缺乏资金进行工业设施建设，甚至许多地方基础工业设施非常落后，导致经济发展严重滞后。这种国有化运动持续约10年左右，几乎各个行业都实现了国有化。但这种运动造成经济效率低下，市场调节作用全面失灵，市场物资供应匮乏，黑市和走私猖獗，国民经济陷入恶性循环当中。为了打击黑市交易，奈温政权在1985年11月发行新纸币打击黑市贸易所得。1987年又突然采取发行第二次新货币措施，却没有对银行交换采取任何方法，人民财产受到巨大损失。人民生活受到较大影响，社会贫困现象更加深刻。根据官方数据我们看到，奈温执政期间，国民经济增长率接近7%，然而实际状况正相反，国民经济总体发展是倒退的，甚至在 1987 年出现了负增长①。1988 年奈温的辞职及后继者被军政府推翻，代表奈温时代已经结束。

3.2 缅甸军政府的"改革开放"与经济发展

1988 年军事政变后，缅甸军政府宣布调整前政府的社会主义经济制度，取消计划经济发展模式，代之以市场经济为主的经济制度，出台了一系列法令和改革措施。1988 年，缅甸军政府出台了《缅甸联邦外国投资法》《关于开放缅中边境贸易的通告》，1989 年颁布了《缅甸农业和农业发展银行法》《缅甸国内税收实施条例》《关于开放缅泰边境贸易的通告》《国营经济企业法》，1990 年出台《缅甸旅游法》《缅甸金融机构法》等相关法律法令，目的就是要开放缅甸市场，消除计划经济下带来的国民经济停滞或倒退现象，对缅甸过去的经济体制进行"改革"。

通过一系列的"改革"措施，缅甸军政府虽然受到欧美国家因所谓人权等方面指责，对缅甸实施经济制裁，但即使在这种情况下，缅甸由于与中国的贸易从未中断，且在边境贸易方面加大力度，同时与周边国家泰国、印度等国对外贸易额也增长迅速。1988—2008 年间，出口总额增加了 44.7 倍，进口总额增加了 28 倍。1988 年缅甸与中、印、泰三国出口额占缅甸出口总额的 4.3%，占进口总额 4.2%。到了 2008 年则分别达到

---

① 参照宋清润，张伟玉著：《缅甸史话》，中国古籍出版社，2020年 7 月，第 182 页。

73.9%和56.4%①。现在缅甸与中、印、泰依然维持着稳定的贸易关系，对缅甸经济发展起到较大促进作用。

缅甸军政府在对外投资方面通过立法，促进民营企业发展，积极建立市场经济体制。在奈温政权时代，民营企业尽数消失，但通过军政府立法后，民营企业不断增加，2005 年民营企业已达 42707 家，占全国企业的 80%以上②，经营项目涉及第二、第三产业，极大促进了经济发展。缅甸军政府也注意到地区非均衡发展造成的区域差距现象，为了解决这一问题，提出了综合开发伊洛瓦底江金三角地区。首先发展该地区交通状况，修建通往各个镇的道路；兴修水利，大力发展农业；大力发展工商业，建设工业开发区。一些外资公司大型商场进入仰光市。1995 年召开缅甸贸易博览会，次年，召开缅甸贸易博览会。

缅甸是一个有丰富自然资源的国家，特别是矿产和天然气非常丰富。2000 年后，缅甸天然气出口量猛增，2014 年排在对外出口能源的第一位，约占出口总量的 40%。2015 年缅甸军政府对 1994 年颁布的《缅甸矿山法》进行修改，极大促进了外资投入。2015 年度矿产产业外资共投入 2800 万美元，比 2014 年增加 4.6 倍③。

---

① 数据参照日同 del 本亚洲研究所研究报告，工藤年博著：《ミャンマーと中国の国境贸易アジ研ワールドトレンド》，2010 年 9 月，第 43 页。

② 覃主元等著：《战后东南亚经济史（1945—2005）》，民族出版社，2007 年 6 月，第 490 页。

③ 数据参照エイチャンプイン著：《ASEAN 经济共同体とミャンマー经济发展》，《熊本学园大学经济论集》，2019 年 3 月，第 231 页。

表 9 – 3   2017—2019 年缅甸基础经济数据

内容　　　　　年度	2017 年	2018 年	2019 年
GDP 增长率（％）	6. 33	6. 83	6. 2
人均 GDP（美元）	1166	1300	1245
外汇储备（100 万美元）	4911	5347	5468
消费者物价指数（％）	4. 57	6. 87	8. 83
失业率（％）	4	4	4
进出口总额（100 万美元）	33120	36056	36721
出口总额（100 万美元）	13878	16704	18117
进口总额（100 万美元）	19247	19352	18604

数据来源：日本贸易振兴机构官网基本统计ジェトロ（jetro. go. jp）。

　　如表 9 – 3 所示，近年缅甸经济由于政治社会稳定、经济政策较合理，整体经济状况发展势头较好。进出口总额持续增加，GDP 增长率保持在 6％以上，增长势头良好。但 2019 年人均 GDP 有所下降，说明经济发展中有需要解决的问题较多。1988 年军政府上台以来，在减少贫困、发展经济等方面有了较大成绩，但也存在着很多问题。就目前状况看，缅甸所面临的主要问题是宏观经济管理水平相对较低，需要不断改善，同时要加强农业发展，加强基础产业发展，要完善基础设施的建设。

第10章 泰 国

泰国位于中南半岛中南部，东与柬埔寨毗连，东北与老挝交界，西部和西北部与缅甸为邻，南部与马来西亚接壤，东南临太平洋，西南濒安达曼海（印度洋），国土面积达51.3万平方公里，人口总数约6900万。全国共有30多个民族，泰族为主要民族，占人口总数的40%，其余为老挝族、华族、马来族、高棉族，以及苗、瑶、桂、汶、克伦、掸、塞芒、沙盖等山地民族。泰语为国语。90%以上的民众信仰佛教，马来

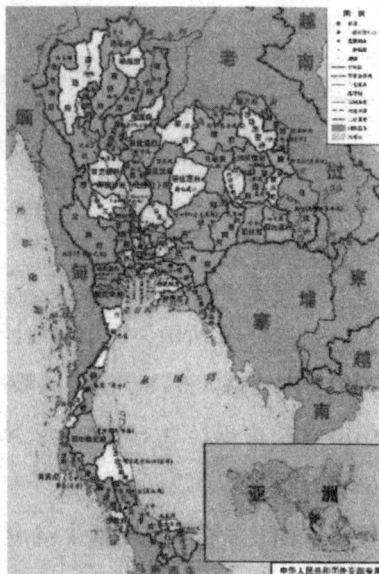

泰国示意图

族信奉伊斯兰教，还有少数民众信仰基督教、天主教、印度教和锡克教。①

----

① 泰国国家概况，中华人民共和国外交部网站，2021年3月。

206

第 1 节　古代泰国的经济特征

据史料记载，公元 1—2 世纪开始，泰国地区就已经遍布着大大小小的城邦，这些国家或城邦名字各异，由不同民族在不同历史时期建立。

1.1　孟人统治时期

孟人是东南亚国家中的一个少数民族，学术界对该民族的起源颇有争议，有人认为孟族起源于缅甸，也有学者认为是起源于印度南部地区，还有学者认为孟族是中国西南地区的少数民族向东南亚迁徙形成的一个分支。史料记载，孟人在泰国地区曾经建立了多个国家。

公元 3 世纪，泰国境内湄南河平原上形成的两个国家——金邻国和林阳国，是目前世人所知最早的由孟人统治的国家。金邻国，又名金陈国，位于今泰国佛统一带。史籍提到"金阵（陈）国，入四月便雨，六月乃止，稍有晴日""金邻一名金陈……地出银，人民多好猎大象，生得乘骑，死则取其牙齿"[①]。20 世纪，泰国考古出土的金邻国文物中有铜佛、来自波斯的串珠、罗马的铜灯等，说明金邻国时期泰国就已经对外开展贸易活动。《扶南土俗》有记载："扶南之西南，有林阳国，去扶南七千里，土地奉佛，有数千沙门，持戒六斋日，鱼肉不得人国。

---

① 《太平御览》卷 790，《金邻》条引《异物志》。

一日再市。朝市诸杂米、甘果、石密，暮市但货香花……举国事佛……"从上述记载来看，林阳国居民信奉佛教，本国物产主要为杂米、甘果、石密①等。林阳国地处交通要冲，位于扶南和印度（天竺）之间，中国史料中有记载林阳国人到印度、扶南等国外经商的情况，《水经注》引康泰《扶南传》提到，"昔范旃时（约公元210—243年）有谭阳（即林阳）国人家翔梨，常从其本国到天竺，展转流贾至扶南。"

除了金邻国和林阳国，早期由孟人统治的国家还有许多，比如顿逊国、盘盘国、崀罗国、赤土国等，主要分布于今泰国、缅甸和马来半岛一带的平原地区，靠近江河和大海，土壤肥沃，阳光充足，雨量充沛。农业方面基本采用比较落后的原始的水浸种植生产方式。社会结构方面，有学者认为，早期孟人建立的国家有可能不是我们现代意义上的国家，而只是商业性的城邦或者松散的联盟。

公元6世纪，生活在泰国中部的孟人在泰国今佛统府一带建立了一个叫堕罗钵底的国家，位处湄南河下游，土壤肥沃，是泰国中部重要的政权国家。据杜佑《通典》卷188记载，该国"多以农商为业"，全国有6个集市，"贸易皆用银钱，小如榆叶"，说明国内商业较发达。另外，受到佛教随喜功德思想的影响，堕罗钵底国没有建立明确的税收制度，"国无赋税，俱随意供奉，无多少之限"。另外，史料记载，"屋壁皆以彩画之""每临朝，则衣朝霞，冠金冠，耳挂金环，颈挂金涎衣，足履宝装皮履""王所坐塔圆似佛塔，以金饰之"。说明这一时期当地

---

① 石密：甘蔗汁经过太阳暴晒后而成的固体原始蔗糖。

的佛教文化已经发展起来了，贵族的装饰大量使用黄金，证明冶金技术也较发达。堕罗钵底国于10世纪左右被柬埔寨吴哥王朝所灭。

12世纪初，泰国罗富里地区又兴起了一个由孟人建立的国家——罗斛。罗斛位于湄南河中下游冲击平原，土壤肥沃，气候温暖。《岛夷志略》里记载："其田平衍而多稼，逼人仰之。气候常暖如春。"得益于得天独厚的地理位置和自然条件，粮食产量极高，"有大河自暹达于罗斛东南入海，每夏有黄水自海港涨入内河，农民乘时擢舟播种，苗随水以渐而长，水尺苗亦尺，水退苗熟。有播植，无耕耘，故谷丰而贱"①。除了粮食外，罗斛国物产丰饶，史籍中有记载："此地产罗斛香，味极清远，亚于沉香。次苏木、犀角、象牙、翠羽、黄蜡。货用青器、花印布、金、锡、海南槟榔、贝子。"

1.2　素可泰王朝

公元11—12世纪，泰国地区仍处于部落、城邦割据分立的状态，当时除了北方有泰人统治的清盛国、帕尧国，孟人统治的哈利奔猜国（中国史料上称其为女人国）外，中部还有孟人统治的罗斛国，以泰人为主的差良国等国家。这些国家在柬埔寨吴哥王国强盛时都隶属于吴哥王朝管辖。后来吴哥王朝衰落，泰国各割据势力趁势摆脱吴哥王朝统治。1238年，泰族首领坤·邦克郎和坤·帕孟推翻了吴哥王朝在素可泰地区的统治，

---

① 《新元史》卷二五二，暹罗条，开明书店版，第7076页。

建立了素可泰王朝，中国史书称其为"暹国"。1279 年，由于"兄终弟及"的王位继承制度，坤·邦克郎的小儿子兰甘亨在其兄长去世后成为素可泰王朝第三任国王，素可泰王朝迎来全盛时期。当时素可泰王朝的经济以农业种植、采集和渔业为主。兰甘亨鼓励生产和发展贸易，考古发掘出的兰甘亨石碑上清晰地记载了这段历史："他们在全国都种上槟榔林和蒌叶林；椰子林和菠萝蜜林在这个国家繁茂地生长。芒果林和罗望子林……谁种植它们谁就自己收获和保有""谁愿意去做象的买卖，就去做；谁愿意去做马的买卖，就去做；谁愿意去做金和银的买卖，就去做。国王不向他的子民征收过路钱"[①]。为提高人们生产积极性，兰甘亨确定了财产继承关系，规定子嗣财产继承权，"当任何一个老百姓或贵族死了，他的产业：房屋、衣物、象、谷仓、家庭仆役，以及槟榔林、蒌叶林，全部由其子嗣继承。"[②]对待俘虏，兰甘亨不采取杀戮的方式，而是让他们参与农业生产劳作，甚至允许他们拥有家室和少量土地，极大地促进了农业生产力的发展。文化方面，兰甘亨在位时期，素可泰王朝对高棉文字进行改造并创造了泰文，这一文字经不断地改造，最后发展成为了现今使用的泰文。兰甘亨石碑是用泰文书写的第一块泰文碑铭。宗教方面，兰甘亨从锡兰引入小乘佛教，小乘佛教宣扬众生平等，和吴哥王朝宣扬的贵族等级观念截然不同，佛教迅速在泰国盛行开来，各地纷纷建立起了大量的寺庙和佛

---

① 那·拉卡诺：《素可泰城蓝摩甘亨王碑文（1292 年）》，《迅罗学会学报》，1971 年 7 月，第 59 卷第 2 期。

② 同上。

像雕像。这一时期，素可泰王朝的宋胶洛陶瓷成为对外贸易的商品之一，从考古结果看，宋胶洛瓷器出口到了马来西亚、印度、菲律宾甚至埃及地区。整体来说，素可泰王朝时期，人民安居乐业，国内繁荣兴旺，政治、经济、社会、文化等都得到了较大的发展。素可泰王朝在历史上存在了近 200 年，后于1350 年被罗斛国打败。

1.3　阿育陀耶王朝

1350 年，泰国南部的乌通王将素攀国与罗斛国合并（简称"暹罗"），在阿育陀耶城建立阿育陀耶王朝（又被称作"大城王朝"）。在波隆摩·戴莱洛迦纳王时期（1448—1488 年），对土地制度进行了具有重大历史意义的改革，建立了"萨克迪纳"制，也被称为授田等级制。全社会成员被分属不同的阶级，国家按照贵族的爵位、官员的官衔和社会地位划分土地，庶民和农奴仅能分得少量土地。在这种制度下，统治层是生产资料的所有者，通过占有土地从而控制生产资料的生产者——平民和奴隶，最终形成稳定的封建土地所有制。这种制度直到 19 世纪却克里王朝进行改革后才废止。

阿育陀耶王朝沿海城镇处在中西贸易交通的通道上，对外贸易加速了国内商品经济的发展，尤其是首都阿瑜陀耶城成为东南亚重要的商品集散地与贸易中心，大量的货物在阿瑜陀耶城集散，销往到遥远的中国或其他地方。首都阿瑜陀耶城被三条河流环绕，城内有许多临河而建的商店，彼此之间用木桥连接，前面售货，后面住人，商店多出售大米、水果、肉类及蔬菜等日用品。水上交通极其方便，甚至有人把商店和家安在船上，撑着竹篙到处兜售商品。据记载，到 17 世纪时，阿瑜陀耶城的人口达 15 万之多，超过当时伦敦的人口。这个时期的阿瑜陀耶城形成了许多外籍侨民的聚集地，有来自中国、印度、日本、马来、葡萄牙、荷兰等国的商人在这里进行商业活动。封建主从平民和农奴手中剥削而来的象牙、胡椒、珍贵的木材以及兽皮等农林矿产品和周边国家、日本、中国、印度、锡兰甚至欧洲国家进行交换贸易，换取绫罗绸缎等奢侈品。

阿育陀耶王朝后期由于北部与缅甸发生战争，经济被严重破坏，许多北方人逃到南部生活，国家经济重心南移。泰国南部大量肥沃的土地被开发，粮食产量增加，对外贸易迅速发展，湄南河下游冲积平原上相继出现了暖武里、曼谷等新兴城市。1767 年缅甸攻破阿瑜陀耶城，阿育陀耶王朝就此覆灭。

1.4　吞武里王朝

阿育陀耶王朝覆灭后，由于缅甸正在和中国清朝政府发生战争，缅军主力全部从暹罗撤走，暹罗残留的割据势力趁机发展壮大。在披耶达信①的带领下，暹罗赶走了缅甸侵略者，重新收复了领土。1767 年，披耶达信在吞武里城建立了吞武里王朝，历史称之为"吞武里大帝"。

王朝建立伊始，暹罗仍然处于多个地方势力割据的状态，

_____

　　① 披耶达信，中文名郑信，具有一半的华人血统，其父原是中国广东省澄海县华富村的破产农民，因生活所迫，于清雍正末年移民泰国。

披耶达信花了数年时间发动多次战争才基本统一暹罗。连年不断的战争和横行的瘟疫，导致人口剧减，农业劳动力不足，粮食供给不足，社会经济秩序十分混乱。虽然披耶达信出台了许多抚民政策，比如向国外购买粮食，缓解国内供给不足的问题，对流民发放粮食、衣物等方法劝导他们返回家乡从事生产，招徕外商来吞武里经商，但吞武里王朝基本沿袭阿育陀耶王朝的政治制度，仍旧实行"萨克迪纳"制，连年的战争和徭役使得民众不堪重负，国内阶级矛盾突出。1782 年吞武里发生叛乱，披耶达信被迫下台，其部将通銮从柬埔寨班师回朝后自立为王，建立却克里王朝（今"曼谷王朝"），首都从吞武里迁至曼谷。

1.5 曼谷王朝

曼谷王朝初期，在拉玛一世、拉玛二世等国王的努力下，巩固了暹罗的版图及国内的政治，恢复了国内正常的经济发展，但国内仍保留着传统的社会风俗及世袭制度，泰国仍是以农业为基础的封建社会，对外贸易数量虽有所增加，但商品种类没有发生太多的变化，与西欧国家相比，经济与政治发展相对落后。

因为曼谷王朝主要的经济发展集中在近现代，本章第 2 节和第 3 节会予以重点介绍，在此不做赘述。

第 2 节　古代与中国的经济交流

　　中泰两国间的经济交流由来已久。最早关于泰国的中国史料记载始于公元前 2 世纪时的《汉书·地理志》，"自日南障塞、徐闻、合浦船行可五月，有都元国；又船行可四月，有邑卢没国；又船行可二十余日，有谌离国……"这条记载里的道路就是海上丝绸之路，其中的谌离国位于现在泰国的佛统地区，说明早在汉代我国和泰国地区就有了经贸往来。中国三国时代，吴王孙权派遣康泰出使扶南，著录的《扶南异物志》《吴时外国传》大量记载了泰国地区金邻、扶南等国的情况。盘盘国在南北朝时期以及唐朝贞观年间多次派遣使节访问并送来象牙、佛塔、舍利和香料等礼物。我国隋朝时期，隋炀帝派遣屯田主事常骏等人出使赤土国，"炀帝即位，招募能通绝域者……赍物五千段，以赐赤土王"①，受到了赤土国王室的热情招待，"其王遣婆罗门鸠摩罗以舶三十艘来迎，吹蠡击鼓，以乐隋使，进金锁以缆骏船"，并举行盛大的宴会招待这些隋使，宴席上"有黄白紫赤四色之饼，牛、羊、鱼、鳖、猪、玳瑁之肉百余品"②。其后赤土国国王派王子随隋使前去中国拜见隋炀帝，得到了大量的赏赐。

　　记载唐朝玄奘法师和义经法师赴印度沿途见闻的《大唐西

---

　　①　《隋书》卷八十二，第 1833 – 1835 页。
　　②　同上。

域记》和《南海寄归内法转》都有记载堕罗钵底国，当时堕罗钵底国已成为连接中国与古印度必经之处。《旧唐书》提到，"贞观十二年，其王遣使贡方物。二十三年，又遣使献象牙、火珠，请赐好马，诏许之"①，堕罗钵底国曾在贞观年间两度派遣使者，带着当地的特产如金锁、宝带、犀、象牙、海物等前往长安。因当时的佛统地区缺乏马匹，故而向唐朝请求良马。

孟人统治的国家罗斛国跟宋元时期的中国形成了朝贡关系，史籍多次出现罗斛国进贡的描述，比如"罗斛国贡驯象"②，"罗斛国王遣使上表，以金书字，仍贡黄金、象齿、丹顶鹤、五色鹦鹉、翠毛、犀角、笃缛、龙脑等物"③。南宋政府为了发展贸易，不仅在泉州港设立"来远驿"，接待罗斛等诸国的贡使，还派人前去罗斛占城一带"说谕招纳"，允许并鼓励商人携"宝货"来中国贸易。

素可泰王朝积极与中国发展经贸关系。《元史》记载，1238—1323 年，素可泰王朝共向中国遣使 7 次，并与元朝建立起朝贡式贸易关系。④ 素可泰国王从中国请来制陶工匠，传授制陶技术，在素可泰城和宋胶洛府建立制陶工业。⑤ 这一时期，泰国的瓷器明显受到中国瓷器风格的影响，考古学家在宋胶洛府的古窑遗址发现了大量中国风格的陶瓷器皿碎片。

阿育陀耶王朝和明朝政府也保持了长期稳定的交往。明朝

① 《旧唐书》卷一九七，第 5273 页。
② 《宋史》卷三一，中华书局 1977 年版，第 583 页。
③ 《元史》卷十六，中华书局 1976 年版，第 351 页。
④ 段立生著：《泰国通史》，2019 年 2 月，第 41 页。
⑤ ［日］郡司喜一著：《十七世纪的日暹关系》，1934 年，第 151 页。

初期，中国政府设立国子监，并欢迎外国人士入国子监读书。明史记载，"暹罗诸国亦皆有官生入监读书，辄加厚赐，并给其从人。永、宣间，先后络至"①。明朝还设立了暹罗译馆"通译语言文字"，加强两国交流及了解。在明朝存在的200多年里，中暹两国关系密切，暹罗对华人态度亲和，出现了由华人海商出任暹罗使节的现象。据统计，阿育陀耶王朝遣使来华朝贡110次，明朝遣使到暹罗19次，官方来往极其频繁。暹罗带来的贡品包括"象、象牙、犀角、孔雀尾、翠羽、龟筒、六足龟、宝石、珊瑚、片脑、米脑……丁香、乌香、胡椒、苏木、肉豆蔻、白豆蔻、荜茇、乌木、大枫子及撒哈剌、西洋诸布"②。明朝政府除了赏赐大量礼品外，还允许贡使从暹罗带来的货品在华出售，免于抽税。郑和下西洋间，曾访问过暹罗，带去了大量的丝绸、瓷器、金器、手工艺品、铁农具等，直到今天泰国还有关于三宝太监郑和的传说，《明史》有记载："其间（暹罗）还有三宝庙，祀中官郑和。"明末清初，由于战争影响，一些中国商人、明军残余势力和破产农民、手工业者移居海外，尤其是泰国等东南亚国家，是华人下南洋主要的聚居地。

清初由于"海禁"政策导致中泰两国交往减少，直到康熙二十三年，开江、浙、闽、广海禁。除了向朝廷进献的正式贡品外，清政府"准暹罗贡船压舱货物在广东贸易，免其征税"，因为免税，暹罗每次随朝贡都会运载相当于正式贡品数量好几

---

① 《明史》卷六九，选举一，中华书局1974年版，第1676-1678页。
② 《明史》卷三二四，外国五，中华书局1974年版，第8396-8401页。

倍的压舱货物，在广州的商行或者在北京的贡使馆出售。除了国防类的武器和原材料比如铁、锡以外，暹罗贡使可以在中国国内采购他们所需要的任何东西，朝贡结束后带回本国进行销售。再加上清王朝常以天朝自居，回馈的礼物远远大于贡品的价值。因此，每一次向清王朝朝贡都能使暹罗赚取大量的贸易利润。

康熙六十一年（公元 1722 年）谕礼部曰："暹罗米甚丰足，若运米赴福建、广东、宁波三处各十万石贸易，有裨地方，免其税。"泰国盛产稻米，价钱亦贱，为了缓解闽粤两省米荒，清政府鼓励大米进口，大量的稻米被从暹罗运到广东、福建和宁波等地供中国商民出售，大米贸易极其繁荣。乾隆八年（公元 1744 年）下诏"暹罗商人运米来闽、粤诸省贸易，"万石以上免税 50%，5000 石以上免税 30%，要求从暹罗运来的大米按市价公平买卖，如果运来的大米过多，民间无法消化，则"官为收买"补充到官方粮仓里。乾隆十八年，清政府更是大力鼓励中国商人去暹罗购买大米运回中国，"赴暹罗运米至二千石以上者"赏吏目衔职，"四千石以上至六千石者赏主簿职衔"，在诱人政策下，进口大米的数量迅速从 9 万石上涨到 12 万余石，极大缓解了闽粤两省的粮食缺口。

阿育陀耶王朝灭亡后，郑信建立的吞武里王朝依旧维持与中国的朝贡关系。史籍记载，"乾隆四十二年秋七月丙戌，暹罗头目郑昭①进贡"，"所贡方物，收象一头、犀角一石，余物准

---

① 郑昭，即吞武里大帝（郑信）。

在广东出售，与他货皆免税。特赐国长蟒缎、珍物如旧例。"①
史料记载，"郑昭大力招徕华人，潮州人移民暹罗络绎于途"②，
由于身具潮州血统，郑信特别给予潮州商人特殊恩惠，并对潮州
人移居泰国从事农业、手工业提供各种方便，吸引了大量潮州
人移民暹罗，潮洲人在郑信统治时期被称为"皇家华人"。

却克里王朝（曼谷王朝）建立后，拉玛一世于乾隆五十一
年（公元 1787 年）遣使入贡"龙涎香、金刚钻、沉香、冰片、
犀角……檀香、甘密皮、桂皮、（腾）（藤）黄"等，并以郑信
之子的名义向乾隆帝请封为暹罗国王。却克里王朝的头两任国
王把国营贸易和皇家垄断发展到空前程度，皇室拥有对产品买
卖的专有权，只有皇室才能经营对外贸易。据估计，19 世纪 20
年代，国王通过对锡、象牙、燕窝、胡椒和食糖等产品的垄断
贸易，每年获得 75 万泰铢的利润，低买高卖成为当时皇室垄断
贸易利润的主要来源。在曼谷王朝拉玛二世统治期间（1809—
1824 年），暹罗将近九成商品的出口目的地是中国，60% 的进
口货物来自中国。一方面暹罗每年向中国出口大量的胡椒、糖、
苏木、象牙、小豆蔻、木材、大米、锡，另一方面从中国运回
丝绸、茶叶、陶瓷和各种日用品，对外贸易已然成为暹罗财政
收入的主要来源。③

---

① 《清史稿》卷五二八，暹罗传，中华书局 1976 年版，第 14690 -
14699 页。

② 庄国土著：《华侨华人与中国的关系》，广东高等教育出版社，
2001 年，第 105 页。

③ 烈勃里科娃：《泰国近代史纲》，商务印书馆，1974 年，第 160 -
161 页。

为了促进暹罗出口量和为皇家船舶供应船员，曼谷王朝头两任国王都采取鼓励华人入境的政策，这些华侨带来了较为先进的农业生产技术。暹罗大量的土地被开垦，水稻种植面积迅速扩大，19世纪中叶，暹罗全国水稻面积已扩大至1580万莱①。这些华侨还开拓了商业性农业，大面积种植了胡椒、甘蔗等经济作物，利用丰富的甘蔗资源就地开办制糖厂，如泰国佛统、叻丕及东部地区，华人制糖厂比比皆是，胡椒、甘蔗、蔗糖迅速成为泰国的主要出口商品。

得益于中国造船技术的引进，拉玛三世末期，大量新建的船坞厂设立在曼谷沿岸，雇用华人按照中国帆船的规格建造商船，王室船队的官员和水手多为华人。当地华侨掌握先进的航海技术，熟悉中国港口，朝贡时，在贡船后面常有华商掌管的商船尾随而来，他们极具生意头脑，经常到广东、江浙一带销售和采购货物。据估计，暹罗到中国贸易的商船，每年约有百艘，其中华商掌控的船只超过一半以上。曼谷王朝初期，国家的大部分收入来自皇家船队与中国及邻近国家（如马来半岛、爪哇岛上的国家及中南半岛诸邻国）的贸易。

在基础设施建设方面，因华人工作刻苦，勤劳能干，从拉玛二世开始，泰国政府就规定每隔3年华人必须服徭役一个月，从事修路、开矿、开挖河渠等工作，或缴纳罚款（劳工税）免除劳役。据记载，拉玛三世每年征收华人劳工税约23万铢，拉

---

① 王民同：《东南亚史纲》，昆明：云南大学出版社，1994年，第326页。

玛四世时增至 200 万铢①。

鸦片战争前，大量闽广一带的商船每年春天搭载大量的丝绸、瓷器及各类生活用品等驶往泰国经商，夏季又从泰国运来米粮、糖、象牙、苏木、藤黄以及各种热带土特产回到中国。因为中泰两国间保持着长期友好的经贸关系，许多华人到泰国谋生。17 世纪初，泰国华侨人口不到 3000 人；拉玛二世时，华侨人口约 44 万；到鸦片战争前，在泰华侨人数增至 150 多万人，约占泰国全部人口的六分之一，多为广东潮州人和福建漳泉人。他们在泰国从事开荒、挖矿、农业种植或者对外贸易等活动。鸦片战争爆发后，清政府处于内忧外患中，泰国也遇到了殖民者的压迫，中泰官方经济交往于 19 世纪后期逐渐中断。

第 3 节　近代殖民经济的特点

在拉玛二世即位前，暹罗基本保持对西方敬而远之的态度，直到拉玛二世，暹罗才逐渐开放与西方往来。葡萄牙曾提出在暹罗首都设立领事馆的要求，得到了拉玛二世的许可，但彼此之间的贸易往来较少，直到英国将新加坡变成殖民地后，英国多次派人前往暹罗展开关于贸易关税的谈判。1826 年，暹罗与英国签订条约，给予了英国商人更多的经营自由，但暹罗仍然

---

① 朱杰勤：《东南亚华侨史》，北京：高等教育出版社，1990 年，第 118－119 页。

实施王室垄断贸易。

19 世纪中叶，随着西方列强基本完成工业革命并在世界范围内扩张势力，亚洲地区如印度、马来西亚、新加坡、缅甸等多个国家已经完全或者部分沦为殖民地，强大不可一世的清政府也被迫于 1842 年与英国签订丧权辱国的《南京条约》。在这样的背景下，暹罗意识到自己与西方列强间存在着巨大的军事力量差距。为了避免与西方发生战争，拉玛四世采取开放姿态，主动与西方多国建立外交并签订商业或友好条约。1855 年，泰国和英国签署了《英暹通商条款》，要求开放暹罗市场，对输入的英国货物不加限制，允许对输入暹罗的鸦片免税（这种鸦片输入后就卖给暹罗当局授权经营鸦片贸易的包税商人），允许英国臣民在暹罗任何区域勘探和开采矿产的自由。条约中还给予了英国臣民治外法权（在暹罗的英国人只受英国领事管辖，只能根据英国法律加以审判）。这些不平等的条约使得暹罗失去了部分主权，对泰国的经济和社会造成了巨大的影响。一方面，低关税使得大量廉价的工业产品涌进暹罗，严重打击了暹罗的手工业，大量手工业者相继破产，比如当地的金属制品因无法与质量更好的舶来品竞争，失去了销路。当地冶金业被消灭以后，烧炭业也逐渐消失，"外国进口货消灭了本地的原始冶金业，随着又消灭了采矿和炼矿业，结果木炭也无人问津了。"① 西方纺织产品的输入，造成了家庭纺织业的破产，种植棉花等作物的农民找不到销路，被迫贱价卖给西方收购商。19 世纪 90 年代到过暹罗的荷兰工程师万·德尔·海德在谈到暹罗小工业

---

① 万·德尔·海德：《过去半个世纪中暹罗经济的发展》，第86页。

的消灭时指出："生产棉丝纺织品，金属制品、纸张，陶瓷制品的当地行业在渐渐消亡。"① 另一方面，国内私人贸易的开放也促进了暹罗社会和商品经济的发展。随着大量西方先进技术和工业产品涌进，国内商品交换增多，暹罗国内对货币需求量猛增，拉玛四世因此建立了皇家造币厂，铸造银币、铜币和锡币等硬币来代替长期流通的贝壳币。拉玛四世还下令改进了曼谷的街道，修筑运河，开办新型的造船厂，极大改善了国内的交通状况。

这个时期由于自然经济的逐步瓦解和资本主义商品经济的逐步形成，无论在城市或农村，都需要大量的雇佣劳动力，然而大批奴隶的被奴役状态和人身依附关系，却阻碍了劳动力市场的形成。为了适应这种新的形势，拉玛四世在公共建设项目里，大量用雇佣工人代替无偿劳役，其子拉玛五世（即朱拉隆功大帝）进一步对"萨卡迪纳"制度及奴隶制实施改革，逐步解放奴隶，建立起以自由雇佣为主的劳动力市场，极大刺激了泰国私人资本主义和商品经济的发展。在朱拉隆功执政期间，暹罗的工业与交通事业蓬勃发展，从 19 世纪 80 年代起大量兴建工厂企业、公用事业和交通运输股份公司。铁路的修建把各产米区连接起来，扩大了暹罗出口贸易的可能性，促进了国内商品货币关系的发展。1880—1884 年，暹罗每年出口大米 350 万担（1 担为 60 公斤），到 1905—1906 年间，每年大米出口增长到 470 万担。随着大米出口的迅速增加，19 世纪末，大米加工工业成为国内主要的工业部门，商业资本从收购大米转到兴办

---

① 万·德尔·海德：《过去半个世纪中暹罗经济的发展》，第 86 页。

碾米业。1889—1910 年，曼谷大型碾米厂（一日可碾谷 100 ~ 200 吨的工厂）的数目增加了一倍还多，从 23 家增加到 59 家。除此之外，其他手工工场也迅速增加，比如制糖业、轮船建造等。日益旺盛的工商业也刺激了对劳动力的需求，仅 1900—1906 年，中国就有 24 万潮州人移民到暹罗，华人劳动力的迁入为泰国经济发展提供了丰富的劳动力。

凭借着高明的外交手段，泰国并没有像其他国家那样彻底沦为殖民地，是东南亚中唯一保持了政治独立的国家。但是随着国门的打开，泰国也不可避免地卷入了资本主义世界市场，逐渐成为西方列强廉价的原料供应地和商品倾销市场。英国、德国、法国、日本等国相继在暹罗投资，英国的棉布与船舶、德国的碾米机器设备、日本的纺织品大量涌入暹罗，而暹罗的粮食（主要是大米）、柚木、胡椒、蔗糖、锡矿砂等成为以英国为主的西方国家掠夺的重要物资。对外贸易的方向也发生变化，过去暹罗出口的绝大部分货物运往中国，到 19 世纪 50 年代末，暹罗 80% ~85% 出口货物运往西方各国，出口的大米其中 80% 运往新加坡和香港，出口的柚木其中 80% 为印度、香港、新加坡、英国购买，暹罗 72% ~79% 的进口货物来自英国等西方列强。[1] 这一时期，泰国农业中的生产单位没有发生变化，仍是以小农经济占绝对优势，绝大部分农民仅有 5 莱以内的土地[2]，农业耕作水平仍旧非常落后，农民收入低微，而王室和贵族阶层

---

① 不大列颠外交部：《外交和领事报告》，第 6 – 8、11 – 12、24 页。

② Thompson V, Thailand: the new Siam, New York, 1941

掌握大量土地，雇佣工人进行农业劳动，加上贵族和各级官吏纷纷参与资本主义生产和商品贸易获取大量利润，社会贫富差距极其悬殊。

总的来说，这一时期，殖民经济的入侵、自由贸易和商品生产的发展不断冲击着暹罗自给自足的自然经济结构和封建的人身依附关系，暹罗由原来自给自足的农业经济，逐步转变为以市场供应商品为目的的商品经济。

第4节　第二次世界大战前经济状况

拉玛五世（朱拉隆功大帝）驾崩后，拉玛六世延续了朱拉隆功的改革政策，比如强化中央集权，加强军队建设，提出国民教育条例，禁止赌博和建设新式医院等，继续巩固封建君王的统治地位。

20世纪初，暹罗民族金融资本开始诞生，1906年暹罗商业银行成立，这是泰国第一家由泰国人独资经营的私人银行，1908年又成立了暹华银行，1913年创立了官立储蓄银行。这些银行多是有王室、贵族和华人资本的背景，在外汇外贸领域和外资银行展开竞争。1908年，暹罗从银本位制改为金本位制，同时禁止外币流通。自从1902年暹罗发行纸币后，纸币流通量迅速从1903年的350万铢增加到1913年的2870万铢。[①]

---

① 《暹罗王国统计年鉴（1924年）》，第118-119、154页。

一战前，暹罗国民经济得到了一定程度的发展。据统计，1897—1913 年，暹罗预算收入从 2480 万铢增长到 6680 万铢，税收从 1970 万铢增长到 5340 万铢，其中间接税从 1660 万铢增长到 3540 万铢。[①]

1914 年一战爆发，西方列强无暇顾及对亚洲国家的控制与掠夺，暹罗民族工业得到了喘息和发展。据统计，1913—1914 年，暹罗输入 9079 万铢的货物，1914—1915 年 7848 万铢，而 1915—1916 年则是 7545 万铢[②]。进口减少的同时，出口贸易反而因为战争对原料、日常必需品的需求而增加。战争期间，暹罗银行存款有所增加，1913—1914 年银行存款额 186600 铢，而 1916—1917 年则达到了 1024000 铢[③]，说明暹罗资本积累以及通货膨胀趋势明显增长。

暹罗在一战后期加入协约国，对德国宣战，并且派遣数百人的军队赴欧参战。一战结束后，取得了战胜国的待遇，获得了几百万英镑的德国物资，这一数目相当于暹罗当时一年的财政收入。战后几年，暹罗又先后与美、日、法、英等国签订新的条约，废除了过去强加于它的治外法权，并收回了德国在战前获得的铁路系统的控制权、国家关税自主等权利。[④]

[①] 《暹罗王国统计年鉴（1924 年）》，第 37 页。

[②] 英格拉姆：《1850 年以来泰国的经济变化》（J. C. Ingram, "Economic Change in Thailand Since 1850"），斯坦福大学，1971 年版，第 240 - 241 页。

[③] 同上。

[④] 蒋逢辰：《暹罗取消治外法权之经过》，《南阳研究》第 2 卷，第 6 期。

第一次世界大战结束后，由于世界资本主义市场对大米、柚木等需求量的增加，暹罗的大米和柚木的出口量也相应增加，大米出口量从 1972.3 万担（1913—1914 年）增加到 2224.9 万担（1923—1924 年），同期柚木出口量从 51236 吨增长到 58278 吨。[①]

暹罗国内近代化工厂比如水泥厂、肥皂厂、卷烟厂、皮革厂、汽水厂以及矿山、造船业及其他交通设施也不断兴建起来。除了国营官办企业外，还有私人企业，包括华侨、华人投资经营的碾米厂、日用品工厂。这些企业采用了资本主义雇佣劳动制。它们的产生，标志着暹罗民族资本主义的形成。到 1930 年暹罗全国碾米厂已达到数千家，大型碾米厂有 500 家之多[②]，木材加工企业数量也有所增长。据 1933 年的《曼谷和暹罗指南》记载，在当时的 235 家进出口公司中，欧洲人开设的有 112 家，华人有 61 家，暹罗有 38 家，印度有 16 家，日本有 8 家，实际上泰人名字的公司商号也有许多是由华人经营的。

受 1929—1933 年资本主义世界经济危机的影响，暹罗发生了严重的财政经济危机。世界市场对暹罗大米需求量骤减，与危机前相比，大米出口价格几乎下跌了一半，其他几种传统出口产品诸如柚木、锡和橡胶的出口价格和出口量也同样下跌。在 1932 年《大萧条时期对泰国农民社会经济影响》报告中，勃

---

① 大卫·埃利奥特：《泰国：军人统治的由来》，伦敦，1978 年，第 96 页。

② 英格拉姆：《1850 年后泰国经济的变化》（J. C. Ingram, "Economic Change in Thailand Since 1850"），斯坦福大学，1971 年版，第 70 页。

拉差亲王在列举了米价下跌给农民生活所产生的严重后果时，详尽地对好几种影响农民生计的经济作物诸如甘蔗、棕榈糖、豆类、芝麻、玉米、黄瓜、西瓜等作物的当年时价与正常年景时价作了比较，价格下跌幅度最小为 33%，最高则达 85%①。可见暹罗的农业经济和出口贸易遭受到了严重打击。这一时期，暹罗财政收入锐减，政府为了弥补财政赤字，企图增加新税种以增加财政收入，这进一步加重了农民的负荷，不少农民为求生存，被迫将土地作为抵押品，向高利贷者借贷度日。据统计，1928—1929 年，农民抵押的土地为 338 莱②，抵押款额为 14789铢，1929—1930 年，农民抵押的土地增至 1274 莱（合 39463铢），到 1930—1931 年，抵押的土地骤增至 43290 莱（1485314铢）。③

不仅农业大受打击，暹罗工业生产、特别是民族资本的工业生产几乎陷于停滞的状态，大量工人失业，公务人员的薪金减少，尤其大量基层政府职员被解雇。经济危机导致暹罗社会矛盾急剧尖锐化，不满情绪蔓延，国内要求变革君主专制的呼声越来越高。1932 年 6 月 24 日，民党发生军事政变，拉玛七世王被迫在临时宪法上签字，临时宪法规定"国家的最高权力属于全体人民"。这次革命推翻了暹罗沿袭数百年的王权至上的君主专制政体，建立了君主立宪制。虽然后经一系列复辟、叛乱

---

① 贴·腊素帕前引书，第 204 页。

② 莱，土地测量单位，一莱相当于 2.4 亩。

③ 刘玉遵：《讨论泰国一九三二年政变》，载中山大学东南亚历史研究所《东南亚历史论丛》，1979 年，第 1 期第 325 页。

事件和保皇派的阻挠，君主立宪制政体最终在泰国确定下来并延续至今。

第 5 节　独立后的经济发展

二战期间，日本以借道为名派兵侵占泰国，亲日的銮披汶·颂堪政府与日本侵略者沆瀣一气，放任日本渗透、控制泰国经济。1942 年，銮披汶·颂堪政府签署《日泰攻守同盟条约》，宣布向英美宣战。二战结束后，摄政大臣比里·帕侬荣以国王的名义发布《和平宣言》，宣布銮披汶·颂堪政府对英美宣战违反泰国宪法和人民愿望，是非法、无效的，宣言获得了英美等国的承认和理解。泰国依靠灵活的外交手腕摆脱了战败国的尴尬地位，逐渐恢复了正常的国际地位。1946 年，泰国正式成为联合国会员国。同年，拉玛九世继其兄拉玛八世之后，成为泰国曼谷王朝第九世王（1946—2016 年）。

二战后，泰国经济步入了高速发展期，1947 年就已经恢复到战前水平。朝鲜战争（1950—1953 年）的爆发，导致国际市场对橡胶、锡、大米等初级产品的需求量暴增，价格猛涨，为泰国经济带来了暂时的繁荣。但在朝鲜战争结束后，这些初级产品的价格迅速下跌，泰国经济在 1954 年遭遇了外汇收入短缺的危机。

1954 年，泰国开始实施进口替代工业化战略，由政府直接投资兴办工业企业。但当时的泰国政府实行限制和排斥华人经济的政策，挫伤了泰国华人投资发展工业的积极性。这一阶段，泰国工业化进展缓慢，政府投资开办的一些国营企业大多因管理不善而亏损。

1955年4月，万隆会议在印尼召开，会议主张国与国之间可以超越意识形态和政治制度的差异进行广泛的合作，会议最后公报关于促进世界和平和合作的"十点宣言"，指出了作为各国发展友好合作的基础：尊重一切国家的主权和领土完整、承认一切种族平等、大小国家平等、不干涉他国内政、促进相互的利益和合作，等等。在这次会议期间，中国周恩来总理与泰国旺亲王就双方共同关心的问题进行了会谈。亚非会议创造的良好气氛促进了中泰两国民间的友好往来。

1957年沙立政府执政后，首次在泰国推行经济和社会发展计划，提倡进口替代化，鼓励发展民族工业，掀起了经济建设的高潮。1959年，沙立政府设立投资委员会协助民间投资工业，1960年颁布《鼓励工业投资法》。1961年，泰国开始实施第一个五年经济发展计划，政府对国民经济实行宏观调控与指导。1958年到1967年，泰国每年收到来自美国大量的经济和军事援助，援助金额从4500万美元一路上涨到9600万美元[①]。60年代期间，泰国国内生产总值年平均增长率达8.3%。

70年代是泰国实施面向出口的工业化发展时期。这期间发生了国际石油危机，油价飞涨，使贫油的泰国在经济上受到不利的影响。70年代晚期，泰国开始开放市场，实行自由主义的

①戴维·K·怀亚特著；郭继光译：《泰国史》，2009年9月，第278页

经济政策，大量西方企业纷纷入驻泰国，带动了泰国的电子产业和汽车产业的发展，泰国国内生产总值平均以每年将近 7% 的速度增长。根据泰国的数据统计年鉴，泰国 70 年代出口的产品品种跟 60 年代相比发生了一些变化，过去主要出口的是大米、橡胶、玉米、木薯等农产品，而到了 70 年代末期，开始出口电子电路等工业制成品。

80 年代初，资本主义世界经济发生滞涨，贸易保护主义抬头，泰国的出口贸易受到影响，增长步伐减慢。1980—1984 年间，经济增长率为 4.7%，下降到战后以来的最低水平。泰国政府及时对经济发展战略进行了调整，加强工业和农业、经济与社会之间的均衡发展。从 80 年代中叶开始，泰国经济又恢复了高速增长势头，GDP 每年以双位数增长，人均 GDP 从 1978 年的 528 美元增长到 1996 年的 3044 美元，泰国已由一个农业国发展为一个新兴的工业国家，其贸易出口结构和过去截然不同。

泰国经济能取得高速增长不是偶然的。首先，泰国社会政治局面长期相对稳定。虽然时常发生军事政变，民选政府被迫下台，但历次政变影响的范围常常局限于首都曼谷，对其他城乡的经济活动影响不大。其次，泰国历届政府都重视经济建设，能根据国内外形势与经济状况的变化，灵活制定和调整经济发展战略，注重对产业结构的升级和调整。再者，泰国比较重视人才培养和发展教育事业，全国已形成与经济建设相适应的门类齐全的多层次的教育体系。教育投资一向在发展计划中位居首位，从小学、中学到高等教育阶段每年都在不断扩招，入学男女性别比例相对比较平均，青年人口识字率超过 98%。

表 10 - 1　1978 年和 2001 年泰国主要出口产品份额排名

排名	1978 年	2001 年
1	木薯	电脑、零件
2	大米	服装
3	橡胶	汽车
4	锡	罐装鱼等
5	纺织品	塑料聚合物
6	玉米	宝石
7	糖	大米
8	电子电路	橡胶
9	宝石	虾
10	冷冻虾	橡胶制品
11	豆类	家具
12	高粱	织物
13	烟草	鞋类
14	冷冻鱿鱼	电动马达
15	钨	变压器

资料来源：根据泰国官方网站，中国商务部等公开资料整理。

进入 21 世纪后，泰国现代化建设取得显著成效。2016 年提出泰国"4.0 计划"，旨在通过创新和技术手段发展高附加值产业，促进泰国产业转型升级，到 2036 年步入发达国家行列。

自"一带一路"提出以来，中泰两国经贸往来愈发密切，在铁路、5G、电商等领域不断深化合作。2019年，中国超过日本首次成为泰国最大境外投资来源地。2020年，中泰双边贸易逆势增长7.5%，达到986.3亿美元。中国已是泰国第一大贸易伙伴、第一大游客来源国。2020年，泰国国内生产总值为5271.29亿美元，居世界第27位，人均GDP为7605.92美元，居世界第84位，在东南亚国家中位居前列。

终章　东南亚与中国经济关系及 RCEP 背景下交流

第 1 节　东南亚与中国的经济交流史略

习近平总书记在《第十七届中国—东盟博览会和中国—东盟商务与投资峰会开模式上的致辞》中指出："双方互联互通不断加速，经济融合持续加深，经贸合作日益加快，人文交往更加密切，中国—东盟关系成为亚太区域合作中最为成功和最具活力的典范，成为推动构建人类命运共同体的生动例证。"充分说明中国与东南亚不仅历史上有着深入广泛的交流，新世纪以来区域合作更是进入一个全新的阶段。

中国从汉代开始与南海的交通网就已经形成。冯承钧所著《中国南洋交通史》指出："可考见汉代与南洋交通之梗概。可知发行地在今雷州半岛，所乘者是中国船舶。在远海中则由蛮夷贾船转送。"① 这是对当时与东南亚交通运输的写照。说明中国与东南亚的海上交流早已形成，且中国古商船与其他国家的商船间的交流非常密切。货物、人在东南亚地区再中转的现象也非常普遍。

中国对天下的理解体现在与周边国家交往中，在"中土"基础上与各国交流，不对中国疆土侵扰，承认宗藩关系，中国会在贸易方面给予周边各国更多优惠。古代历史上，中国与东南亚各国经济关系主要分为官方和民间两种。官方经济交流的主要形式是朝贡，而民间经济交流则非常广泛。在商品交换方面是通过海上、陆地的交通要道开展交流。比如我国从雷州半岛开始的海上丝绸之路的交流。其次是人员交流。中国岭南地区，古代开始就在东南亚各国与中国之间相互往来，相互移民。因此，现在东南亚各国华裔人口所占比例较大。

中国与邻国朝贡关系远从春秋战国时期已经开始。秦代以后，中国国家体制的主要形式是中央集权国家。虽有短暂的如五胡十六国时期以及北宋之后中央权力的弱化，总体来说，中国历史上的朝贡关系，成为中国与周边国家之间进行官方经济往来的主要形式，邻国对中原大国的朝贡，更多意义上是以通商为主要目的。东南亚国家使者带着大量的海外异物珍宝，中国回赠丝绸和金银。而这些商人又将从中国带回来的高质量商品拿到印度、波斯和罗马等相对富裕国家，换取更多的实用性商品。当时中国很多商品在中亚以及欧洲各国是作为奢侈品消

---

① 冯承钧：《中国南洋交通史》，商务印书馆，2017 年 12 月（中华现代学术名著丛书：120 年纪念版），第 3 页。

费的，特别是一些瓷器，成为当时世界上最好的产品之一。

中国历史上的统治者，特别到了中国明朝时期为最高峰，皇帝好大喜功，常常对朝贡者所带货物是否有需求不做判断，而是追求万国来朝的辉煌，因而这一时期与东南亚国家朝贡关系中，是一种非对等交易，形成了"厚往薄来"的现象①。包括一些夹带私货谋取暴利的商人们，与中原帝国的交往，在朝贡外衣下，实际上是一种官方的对外贸易形式。也是古代中国与东南亚开展贸易的主要形式之一。

官方为主的另一种形式就是海上丝绸之路。公元 2 世纪，汉武帝派出远洋船队前往印度洋，开辟了南海—印度洋航线。从此后，由官营船队开辟的这条航路，成为丝绸之路的起始点。早期起点在广东省湛江市徐闻港或广西合浦港出发，后来由于广州的区位优势，很快替代了这两个港，成为中国与东南亚经济交流的重要门户地区。

其次与东南亚各国开展的贸易形式是互市贸易。这种贸易形式从唐代就已经开始，东南亚主要贸易港口地区为广东广州和福建泉州。第三种形式是民间贸易。汉武帝时代开通的海上丝绸之路，使得民间商队也不断增加。主要的大宗商品从江西景德镇、杭州贩运瓷器、绸缎、茶叶等运到东南亚各国贩卖。商人再从东南亚将大宗商品如香料以及一些矿产品、林产品和海产品运到中国贩卖。

民间贸易在历史发展中，特别是在中国明清两朝，对民间

---

① 梁志明等著：《古代东南亚历史与文化交流》，昆仑出版社，2006 年 10 月，第 100－105 页。

对外贸易较为严格，明朝推行的海禁政策很大程度上对中国与东南亚各国的海外贸易受到很大影响。有部分允许入港的商船，地方政府也做了严格的规定，只允许交易地点在广州。因而明清时代民间与东南亚贸易受到较大影响。

西方殖民者入侵东南亚后，中国与东盟的关系就无法维持原有的朝贡藩属关系。虽然当时清政府为了挽救这种现象，对东南亚国家不仅在武器等方面支援，甚至在越南清军与法国之间开战，但最终以失败告终。在缅甸北部地区，云南地方首领与缅甸人民一同反抗英军，但仍然没有战胜英军。至此，中国与缅甸长久的官方关系就此中断，虽然民间贸易关系规模有所缩小，但仍然有着较为密切的往来，特别是与海岛东南亚的越南、老挝、柬埔寨等国。

同时，东南亚成为殖民地后，当地经济结构发生了重大变化。由原有的自然经济、自给自足前提下，将地方特产如胡椒、香料等用来做贸易商品。而这种改变是外国殖民者以军事实力侵略下，对东南亚产品攫取的特点下突然发生了改变。殖民者对东南亚主要获取的是原材料的初加工产品以及矿产资源等。同时，由于清政府的软弱，对外实施的闭关锁国政策被迫中止，而此时中国与东南亚的贸易关系从另一个角度变为中国与东南亚殖民者为中心的贸易关系。贸易产品也从传统农产品、手工产品变为传统农产品依然是与中国贸易的主要产品的基础上，又增加了近代工业加工产品与中国贸易。殖民者为了获取更多的农产品，不仅对一些达河流域的农产品进行掠夺，甚至在一些地理条件不好的地区，为更多掠夺农产品而建设水利工程。而一些加工产品如砂糖，与中国岭南地区生产的"土糖"相差较大。这类"洋"产品在中国开始广泛销售。

当时广东、海南等地的中国人，为了外出打工赚钱开始大规模移民到东南亚，这也是历史上著名的"下南洋"。据说当时有 4000 万中国人到东南亚各地外出打工①。他们在东南亚各地从事农场种植、矿山挖矿以及在港口地区做装卸工，还有一些人在各地开小型商店，挣到钱后再汇到家乡。但也有一大部分人留在东南亚组织家庭，西方列强殖民统治结束后在那里创办企业等，也为后来中国建设做出了巨大贡献。

第 2 节　中国与东盟经济合作及 RCEP 后的展望

新中国成立后，中国从 1950 年开始先后与越南（当时的北越）、缅甸、柬埔寨、老挝、印尼等国建立了外交关系。中国与东南亚各国的贸易关系也由此展开。但由于冷战的影响，中国和东南亚国家贸易规模不断减小，与西方阵营联盟的东南亚国家开始对中国采取对华禁运措施，断绝与中国大陆的贸易往来。民间只能通过香港和新加坡进行转口贸易。

由于东西方冷战的对立，东盟各国如越南等社会主义国家与印尼等资本主义国家之间的不信任和对抗关系，导致东南亚

---

① 岩崎育夫著：《入门东アジア近现代史》（电子书），讲谈社（东京），2017 年，第 28 页。

各国虽然多数都已经独立，但不得不听从大国对他们的"指令"，市场发展规模也受到极大的限制。在这种情况下，东南亚各国对于地区经济一体化的建设下才能够更好的发展已经有了较深刻的认识。20世纪60年代，东南亚经济得到较大发展，进入到70年代，"亚洲四小龙"之一就是新加坡。东南亚各国也是以经济开发为特点，承担与发达国家产业链中初级产品的生产。虽然与殖民者统治时期特点有相似之处，都是以初级产品加工为主的产业生产，但所不同的是殖民统治时期多数企业所属于殖民者，而这一时期的发展，多数以本国民办企业家为主，工业基础也是在此基础上得到一定的提高，其中包括大量的华侨企业。

但经济发展却无法解决国家和地区安全以及经济的可持续发展。为了解决这些矛盾，1967年，由印度尼西亚、马来西亚、菲律宾、新加坡和泰国联合发起成立了最初的"东南亚国家联盟"。20世纪80年代开始，东南亚国家经济发展出现了缓慢现象，各国经济发展差距不断扩大。1997年亚洲金融危机对东南亚各国是一个沉重打击。成立国家联盟、建立区域经济一体化就显得格外重要。在此期间，1984年文莱加入东盟后，其他4国仍处在观望当中。1995年越南加入东盟。1997年，缅甸、老挝加入，1999年柬埔寨加入后，东盟十国终于从经济联合体的角度组成在一起。

中国在改革开放后，积极参与到东南亚各国对外贸易当中。改革开放后，中国经济的高速发展，也带给了东南亚各国发展机遇。1991年7月，中国受邀参加在马来西亚召开的东盟外长非正式磋商。这是中国与东盟各国交流的开始。1994年，中国又参加东盟国家刚刚建立的"东盟地区论坛"。1997 年 2 月，中国—东盟联合委员会成立并举行首次会议后，11 月，中国国家领导人首次参加了中国—东盟首脑会议，确定了面向 21 世纪睦邻友好伙伴关系。2001 年，中国—东盟领导人会议（10 + 1）上提出建立中国—东盟自由贸易区。2002 年 11 月，朱镕基总理在中国—东盟领导人第六次会议上与各国元首共同签署了《中国与东盟全面经济合作框架协议》，决定在 2010 年建成中国—东盟自由贸易区。2004 年，中国—东盟签署了《货物贸易协议》，决定从 2005 年对约 7000 个税目产品实施降税。

　　2020 年 11 月 15 日，在疫情仍然危机的情况下，各国领导人参加了第四次区域全面经济伙伴关系协定（RCEP）签署会议，会后包括中国、东盟十国、日本、韩国、澳大利亚、新西兰 15 个亚太国家正式签署了协议。至此，世界规模最大的自由贸易区正式启动，各国政府又在国内积极推动协议尽早生效。东盟大部分国家都对国内尽快批准持积极态度。RCEP 期望各国在现有经济联系的基础上扩大并深化区域经济一体化，增强经济增长和公平的经济发展，推进经济合作。希望协议能为各成员国带来就业机会，提高人民生活水平。此项协议还考虑到各国经济发展水平不同，保留了采取适当灵活性的执行方针。

表 11 - 1　2019 年东南亚各国基础经济数据

国家	国土面积 （km²）	人口	GDP （亿美元）	人均 GDP （美元）	进出口总额 （亿美元）
马来西亚	330000	3259 万	3646.8	12478.20	4432.0
印度尼 西亚	1913578.68	2.661 亿	11191.6	4450.70	3373.9

续表

国家	国土面积 （km²）	人口	GDP （亿美元）	人均GDP （美元）	进出口总额 （亿美元）
文 莱	5765	45万	134.7	32327.4	NA
新加坡	724.4	570万	3720.6	58829.60	7494.8
菲律宾	299700	1.088亿	3768	3337.70	2777.092
越 南	329556	9648万	2619.2	2082.2	5172.6
柬埔寨	181035	1650万	270.9	1269	367.2
老 挝	236800	710万	181.7	1840.50	130.37
缅 甸	676578	5410万	760.9	1608.5	366.65
泰 国	513115	6659万	5065.1	7792	4586.77
合 计	448.68万	6.45亿	31396.5	1558.3	28701.382

数据来源：笔者根据日本贸易振兴机构官网基本统计ジェトロ（jetro. go. jp）整理得出。

如表 11 - 1 所示，东盟各国虽然经济发展参差不齐，有人均 GDP1269 美元的柬埔寨，也有 58829.60 美元的新加坡，但从东盟十国总和来看，有着 448.68km² 的国土面积，人口已达到 6.45 亿，GDP 总规模达到 3 万多亿美元，进出口总额已达到 2.87 万亿美元。一个庞大经济联合体和一个巨大的市场将带给世界更大的商机。在疫情影响下，世界经济受到重大打击。各国对外贸易额急速下降，但只有中国与东盟的贸易额逆势增长，2020 年，中国对东盟出口增长率为 6.7%，东盟对中国贸易增长率为 6.6%，一跃成为中国—东盟最大货物贸易伙伴。这说明中国与东盟经济交流将会不断加深。目前在国际关系纷繁复杂的情势下，中国经济方针则是以国内、国际"双循环"为主。在这种背景下，中国经济在国内循环为主的前提下，国际循环中东盟将会扮演非常重要的角色。

参考文献

中文文献：

［1］厦门大学南洋研究所《新加坡简史》编写组编．新加坡简史［M］．北京：商务印书馆，1978.05.

［2］余定邦，黄重言等．中国古籍中有关新加坡马来西亚资料汇编［M］．北京：中华书局，2002.12.

［3］［英］皮尔逊著；《新加坡史》翻译小组译．新加坡史［M］．福州：福建人民出版社，1972.11.

［4］许云樵译注．马来纪年（增订本）［M］．新加坡：新加坡青年书局，2004.

［5］普腊班扎著；徐明月、刘志强编译．爪哇史颂［M］．北京：商务印书馆，2016.10.

［6］［元］汪大渊原著；苏继顾校释．岛夷志略校释［M］．北京：中华书局，1981.05.

［7］许云樵译注．马来纪年（增订本）［M］．新加坡：新加坡青年书局，1966.

［8］［葡］多默·皮列士著；何高济译．东方志：从红海到

中国［M］．北京：中国人民大学出版社，2012.05.

［9］毛大庆，殷智亮著．一口气读懂新加坡［M］．北京：团结出版社，2011.05.

［10］班固．汉书［M］．北京：中华书局，1962.

［11］欧阳修．新唐书［M］．上海：中华书局，1936.

［12］林远辉，张应龙著．新加坡马来西亚华侨史［M］．广州：广东高等教育出版社，2016.07.

［13］［明］宋濂等撰．元史［M］．北京：中华书局，2000.

［14］［元］脱脱等著．宋史［M］．北京：中华书局，2000.01.

［15］［清］高宗敕撰．清朝通典［M］．北京：商务印书馆，1935.09.

［16］徐继畬撰．瀛环志略［M］．北京：中华书局，1968.04.

［17］［清］魏源．海国图志［M］．长沙：岳麓书社，1998.11.

［18］中共中央马克思恩格斯列宁斯大林著作编译局编译．马克思恩格斯选集二［M］．北京：人民出版社，2012.09.

［19］沈祖良，陈继勇著．南朝鲜台湾香港新加坡经济述评［M］．武汉：湖北人民出版社，1990.10.

［20］G. Huff 著；牛磊，李洁译．新加坡的经济增长——20世纪里的贸易与发展［M］．北京：中国经济出版社，2001.

［21］樊亢，宋则行主编．外国经济史近代现代第 2 册［M］．北京：人民出版社，1981.03.

［22］郭梁著．东南亚华侨华人经济简史［M］．北京：经济科学出版社，1998.11.

［23］南洋文摘编辑部．南洋文摘第 12 卷［J］．香港：南洋文摘社，1971.05.

[24] 贺圣达，马勇等著．走向 21 世纪的东南亚与中国 [M]．昆明：云南大学出版社，1998.03.

[25] 李昉著．太平御览 [M]．上海：上海古籍出版社，2008.04.

[26] 柯绍忞著．新元史 [M]．上海：开明书店，1935.06.

[27]〔唐〕魏征等撰．隋书 [M]．北京：中华书局，1973.08.

[28]〔后晋〕刘昫等撰．旧唐书 [M]．北京：中华书局，1975.05.

[29] 托克托〔（元）脱脱〕．宋史 [M]．北京：中华书局，1977.11.

[30]〔明〕宋濂等撰．元史 [M]．北京：中华书局，1976.04.

[31] 段立生．泰国通史 [M]．上海：上海社会科学院出版社，2019.02.

[32]（日）郡司喜一．十七世纪的日暹关系 [J]．日本：东京外务省调查部，1934.

[33] 张廷玉撰．明史 [M]．北京：中华书局，1974.04.

[34] 赵尔巽．清史稿 [M]．北京：中华书局，1976.07.

[35] 庄国土著．华侨华人与中国的关系 [M]．广州：广东高等教育出版社，2001.09.

[36]〔苏〕尼·瓦·烈勃里科娃著；王易今，裘辉，康春林译．泰国近代史纲 [M]．北京：商务印书馆，1974.10.

[37] 王民同．东南亚史纲 [M]．昆明：云南大学出版社，1994.12.

[38] 朱杰勤．东南亚华侨史 [M]．北京：高等教育出版社，1990.05.

［39］J. 霍曼·凡·德·海德·尔东. 十九世纪下半期暹罗的经济发展［J］. 南洋问题资料译丛，1962.

［40］暹罗王国统计年鉴，1924 年.

［41］英格拉姆. 1850 年以来泰国的经济变化［M］. 美国斯坦福大学，1971.

［42］南洋美洲文化事业部编. 南洋研究第 2 卷录编［M］. 国立暨南大学，1930.

［43］［英］大卫·埃利奥特. 泰国军人统治的由来［M］. 伦敦，1978.

［44］戴维·K. 怀亚特著. 泰国史［M］. 上海：东方出版中心，2009. 09.

［45］中山大学东南亚历史研究所. 东南亚历史论丛［M］. 中山大学东南亚历史研究所，1979.

［46］徐振保著. 中外文化交流记趣［M］. 上海：复旦大学出版社，1996. 09.

［47］周一良主编. 中外文化交流史［M］. 郑州：河南人民出版社，1987. 11.

［48］魏达志编著. 东盟十国经济发展史［M］. 深圳：海天出版社，2010. 04.

［49］金应熙. 菲律宾史［M］. 开封：河南大学出版社，1990. 04.

［50］广东省第一汽车制配厂工人理论小组，中山大学历史系东南亚历史研究室编著. 菲律宾史稿［M］. 北京：商务印书馆，1977. 04.

［51］厦门大学南洋研究所编. 东南亚五国经济［M］. 北

京：人民出版社，1981.05.

［52］景振国主编．中国古籍中有关老挝资料汇编［M］．郑州：中州古籍出版社，1985.05.

［53］［泰］姆·耳·马尼奇·琼赛．老挝史［M］．福州：福建人民出版社，1974.04.

［54］［英］D. G. E. 霍尔著；中山大学东南亚历史研究所译．东南亚史［M］．北京：商务印书馆，1982.10.

［55］梁英明，梁志明，周南京，赵敬．近现代东南亚（1511—1992 年）［M］．北京：北京大学出版社，1994.04.

［56］马树洪编著．当代老挝经济［M］．昆明：云南大学出版社，2000.09.

［57］老挝社会经济统计资料 1985—1995 年．

［58］［清］王绍兰．汉书·地理志［M］．北京：中华书局版，1962.

［59］范若兰，李婉珺，［马］廖朝骥．马来西亚史纲［M］．北京/西安：世界图书出版公司，2018.07.

［60］姚思廉．梁书［M］．北京：中华书局，1973.

［61］杜佑．通典［M］．上海：商务印书馆，1935.

［62］林远辉，张应龙．新加坡马来西亚华侨史［M］．广州：广东高等教育出版社，2016.07.

［63］［唐］魏征，令狐德．隋书［M］．北京：中华书局，1973.08.

［64］苏基朗著；李润强译．刺桐梦华录近世前期闽南的市场经济（1946—1368）［M］．杭州：浙江大学出版社，2012.03.

［65］覃主元．战后东南亚经济史（1945—2005）［M］．

北京：民族出版社，2007.07.

［66］王大渊．岛夷志略［M］．呼和浩特：远方出版社，2005.01.

［67］潘正秀．文莱史纲［M］．北京/西安：世界图书出版公司，2019.02.

［68］李学文，黄昆章．印尼华侨史［M］．广州：广东高等教育出版社，2016.07.

［69］吴士存．越南、马来西亚、菲律宾、印度尼西亚、文莱五国经济研究［M］．北京：世界知识出版社，2006.12.

［70］陈显泗．柬埔寨两千年史［M］．郑州：中州古籍出版社，1990.04.

［71］段立生．柬埔寨通史［M］．上海：上海社会科学院出版社，2019.01.

［72］李树藩，王新．世界通览［M］．长春：吉林人民出版社，1998.

［73］王更红．从郑和下西洋话海上丝路的崛起［J］．人民网，2014.08.

［74］阿诺德·汤恩比著．历史研究（袖珍经典版）［M］．上海世纪出版集团，2009.

［75］［澳］安东尼·瑞德．东南亚的贸易时代：1450—1680 年（第二卷）．

［76］李塔娜著；李亚舒，杜耀文译．越南阮氏王朝社会经济史［M］．北京：文津出版社，2000.06.

［77］梁志明主编．殖民主义史·东南亚卷［M］．北京大学出版社．

［78］徐邵丽，利国，张训常编著．越南［M］．社会科学文献出版社，2009.01.

［79］宋清润，张伟玉著．缅甸史话［M］．中国古籍出版社，2020.07.

［80］梁志明等著．古代东南亚历史与文化研究［M］．昆仑出版社，2006.10.

［81］J. S. Furnivall著；王泰译．缅甸社会经济史纲要［M］．商务印书馆，1945.

［82］冯承钧．中国南洋交通史［M］．商务印书馆（中华现代学术名著丛书：120年纪念版），2017.12.

［83］［法］佛朗索瓦·吉普鲁著；龚华燕，龙雪飞译．亚洲的地中海——13—21世纪中国、日本东南亚商埠与贸易圈［M］．2018.09.

［84］于建忠，范柞军著．东盟共同体与中国—东盟关系研究［M］．人民出版社，2018.03.

［85］韩越主编．东南亚南亚商务环境概论［M］．北京大学出版社，2015.06.

［86］高伟浓著．清代华侨在东南亚［M］暨南大学出版社2014.12.

［87］陈国栋著．东亚海域一千年——历史上的海洋中国与对外贸易［M］．山东画报出版社，2006.12.

［88］卢光盛著．中国和大陆东南亚国家经济关系研究［M］．社会科学文献出版社，2014.03.

［89］李中清著；林文勋，秦树才译．中国西南边疆社会经济：1250—1850［M］．人民出版社，2012.02.

英文文献:

[1]Thompson V,Thailand: the new Siam,New York,1941.

[2]Kwa Chong Guan,Derek Heng,Tan Tai Youg, Singapore: a 700 – Year History, from Emporium to World City, Singapore: Notivnd Achines of Singapore,2009,p. 3.

[3] J. Cameron, Our Tropical Possessions in Malayan India (London, 1865; reprinted Kuala Lumpur, 1965), p. 168.

[4]C. M. Turnbull, A History of Singapore, p. 131, p. 138. W. G Huff, The Economic Growth of Singapore, p. 83

[5]"Audiencia to the King,June 1E,1695"(A. G. I. Filipinas, 202)引自 Lourdes Diaz – Trechuelo,"The Role of the Chinese in the Philippine Domestic Economy, (The Chinese in the Philippines 1570—1770)", p. 190.

[6]Review B . American Tariff Policy Towards the Philippines? by Pedro A. Abelarde[J]. World Affairs, 1947.

[7]Castillo A V . Philippine economics[J]. Philippine Economics, 1957.

[8]Labor in the Philippine Economy by Kenneth K. Kurihara [J]. The American Economic Review, 1945.

[9]Paul Le Boulanger, "Histoire du Laos Francais". Librairie Plon, Paris,1931.

[10]Vitctor Purcell. The Chinese in Malaysia, Kuala Lumpur [M]. Oxford Uniwersity Press: 1967, p. 28.

日文及官网资料:

工藤年博. ミャンマーと中国の国境貿易［J］アジ研ワールドトレンド2010（9）: 43.

エイチャンプイン著. ASEAN 経済共同体とミャンマー経済発展.《熊本学園大学経済論集》2019（3）: 231.

岩崎育夫著. 入门东アジア近现代史（电子书籍）. 讲谈社（东京），2017.

アジア历史资料センター国立公文书馆. アジア歴史資料センター（archives. go. jp）.

日本贸易振兴机构基本统计ジェトロ（jetro. go. jp）.

世界银行越南国家数据. 越南 ｜ Data（worldbank. org. cn）.

东南亚经济资料汇编，1959 年 3 月中国知网（cnki. net）.

后　记

经过半年多的准备和撰写，这部由湛江科技学院教师写作团队所著的《东南亚经济史研究》终于完稿。这期间经历了学校转设需要完成大量的资料准备和其他事务外，备课、上课几乎成为我们的日常，这也是本书成稿日期不断延迟的主要原因。

作为写作团队的年轻教师，这项工作是我们积累科研经验的一次重要尝试。我们曾留学新加坡、马来西亚，对东南亚有着非常直观的社会体验和文化感受，同时也深知经济生活中的一些书本上无法看到的现象，这也是我们参与本书撰写的重要原因。但由于各国文化背景、社会发展历程并不完全相同，他们的经济发展呈现不同的特点，我们对各国经济社会的把握可能会有不太准确的地方。此外，每个东南亚国家的经济发展历程跨越了几千年，由于古代史缺乏系统性的记录和传承，文献记录有较大的限制，再加上疫情影响，难以收集资料和实地考证，这使得我们在撰写古代经济史时尤其感到力不从心，也很难深入研究其古代经济发展的一些特有现象。从许多已经发表的成果参考分析过程中，我们发现很多内容都有一定程度上的相似之处。在这种较为艰难的情况下，写作当中必定有不少考虑不周之处，敬请广大读者批评指正，也恳请各位专家不吝赐教。本书出版主要是由湛江科技学院"创新强校工程"科技创新平台建设项目资助完成，在此表示深深的感谢。

现在，虽然已经完成了东南亚国家经济简史的梳理，但是我们深刻体会到，这只是我们迈出的第一步。今后，在此书的基础上，我们将会更加深入和细致地研究，这也是我们今后科研工作中一项重要的任务。

崔　昊　邹云云

2021 年 7 月 22 日（大暑）